JN422523

LIFE builders

DESTINED FOR SECURITY

라이프 빌더스

LIFE builders 기초 쌓기

Copyright (c) Campus Crusade for Christ International
All rights reserved. Printed in Korea by Soon Publishing Company.
본 저작물은 CCC(한국 대학생 선교회)의 소유물이며 CCC의 사전 서명 동의 없이는
일부 혹은 전부의 복사, 저장 혹은 변경해서 사용하는 것을 일체 금합니다.

LIFE builders

라이프 빌더스

기초 쌓기

CONTENTS

(참고 : 특별한 경우를 제외하고, 성경은 개역개정판을 사용했습니다.)

서론

기초 쌓기

개 관

당신은 하나님께서 깊이 사랑하시는 자녀로, 열정과 목적을 가지고 살도록 예정된 사람이다. 하나님께서는 당신이 하나님과 그리고 다른 사람들과 친밀한 관계를 맺기 원하신다. 뿐만 아니라 당신이 예수님의 제자로 살기를 원하신다. 다른 사람들을 제자로 훈련하는 일에 당신을 사용하고 싶어 하신다.

이 일은 혼자 할 수 없다. 그래서 당신은 이제 예수 그리스도의 제자들과 함께 하나님의 말씀을 배우기로 결정했다. 당신의 영적 여정에서 친구들과 함께 성장하기로 결심한 것이다. 이제 시작하는 제자 육성 과정을 통해, 하나님께서 당신을 창조하신 목적을 깨닫고 그 목적에 열정을 갖기 바란다.

학습목표

당신과 하나님의 관계는 안전하며 변치 않는다. 당신의 감정, 경험, 혹은 예수님의 제자로서 당신의 행동은 하나님과의 관계에 아무런 영향을 끼치지 못한다. 수많은 예수님의 제자들이 하나님과의 관계에 대해 의문을 갖는다. 종종 이런 질문들을 한다. "이렇게 많은 잘못을 저질렀는데, 어떻게 하나님께서 나를 용서해 주실 수 있겠어?", "이렇게밖에 못 살고 있는데, 어떻게 예수님께서 내 삶에 들어오실 수 있겠어?", "성경이 그저 동화책이 아니란 걸 내가 어떻게 믿을 수 있지?" 그 밖의 수많은 질문들에 대해서도 이 책이 대답을 준다. 「라이프 빌더스 : 기초쌓기」의 과목을 따라 훈련 받는 동안, 책의 학습 목표들이 당신 안에 심겨지기를, 배운 내용들이 당신의 태도와 행동과 관계에 선한 변화를 일으키기를 소원한다.

적용단계

규칙적으로 성경 읽는 습관을 개발하자

우리가 개발해야 할 가장 좋은 삶의 습관 중 하나는 규칙적인 성경 읽기이다. 성경은 예수님의 삶과 인격을 배울 수 있는 소중한 자료로서, 하나님을 우리에게 드러내시는 초자연적인 계시이다. 성경을 읽으면 하나님을 더 잘 알게 된다. 매일 몇 분만이라도 시간을 내어 하나님의 말씀을 꾸준히 읽고 묵상하라. 예수님의 일생에 관한 부분에서 출발해도 좋다. 요한복음은 성경 읽기를 시작하는 좋은 출발점이 된다.

기대

무슨 일이든 기대 목표를 아는 것이 중요하다. 이 책으로 훈련을 받는 사람들에게는 두 가지가 기대된다.

1. 순장(양육자)을 정기적으로 만나 「라이프 빌더스 : 기초쌓기」의 각 과를 따라 훈련 받는다.

2. 훈련 과정에서 배운 것을 전해 줄 누군가를 찾는다.

도우미

이 책으로 훈련 받을 때 도움이 되는 두 가지 원칙이 있다.

1. **무엇이든 질문하라.** 순장(양육자)이 모든 질문에 대답할 수는 없겠지만 당신과 함께 대답을 찾게 될 것이다.

2. **반드시 한 번에 한 과를 마쳐야 하는 것은 아니다.**
   책에서 배운 성경적 원칙을 삶에 적용하는 것이 더 중요하다. 한 과를 두 번에 마칠 수도 있다.
   과정을 즐겨라.

믿음의 원칙

제자 훈련 과정에서 반복 적용할 원칙은 믿음의 원칙이다. 성경은 믿음을 '바라는 것들의 실상이요 보지 못하는 것들의 증거' (히 11:1)라고 정의한다. 예수님의 제자인 당신에게 이 말씀을 적용해 보자. 비록 내 주변에서 일어나는 일들을 완전히 이해할 수 없을지라도, 하나님은 완전히 믿을 만한 분이며, 나를 위해 언제나 가장 좋은 것들을 계획하고 계심을 확신하는 것이다.

이런 상상을 해 보자. 항공 조종사는 안전 비행을 위해 계기판을 의지해야 한다고 훈련 받는다. 구름이 끼어 시야가 흐릴 때, 계기판에 나타난 정보와 방향을 따라야 한다. 조종사의 감각과 계기판의 신호가 다를 때도 있다. 이 순간 자신의 감각을 더 믿는 조종사는 지혜롭지 못하다고 할 수 있다. 지혜로운 조종사는 자신의 감각보다 계기판에 나타난 비행기의 실제 고도, 위치, 방향을 신뢰한다(물론 계기판이 고장났을 때를 제외하고). 예수님의 제자도 마찬가지다. 매일 하나님과 그분의 말씀을 믿는 믿음으로 살아야 한다.

이 책이 반복해서 말하는 믿음의 정의는 다음과 같다.

믿음은 상황이나 감정, 혹은 문화적 가치와 관계 없이 항상 성경을 진리로 믿고 살기로 선택하는 것이다.

예를 들어 보자. 인간은 불완전하다. 예수님의 제자라 할지라도 죄책감과 수치심을 느낄 때가 있다. 인간은 누구나 잘못을 저지른다. 잘못을 했을 때 이런 생각이 늘 따라올 것이다. "난 실패자야!", "어떻게 그런 바보 같은 짓을 했지?" 하지만 성경은 예수님께 속한 자에게는 '정죄함이 없다' 고 가르친다(롬 8:1). 어쩔 수 없이 실패한 경우에도 우리는 둘 중 하나를 선택할 수 있다. 하나님의 관점에서 나를 바라보고 소망을 가지든가, 인간의 한정된 시각으로 나를 바라보고 절망에 빠지든가 선택하는 것이다.

이 책의 각 과는 하나님에 대해, 하나님과 나의 관계에 대해, 그리고 나와 다른 사람의 관계에 대한 성경적인 원칙들을 보여준다. 여기 나타난 성경적 원칙들을 당신의 삶에 적용할 때, 믿음으로 사는 법을 배우게 될 것이다. 자신의 감정이나 처한 상황, 혹은 문화적 가치를 따라 사는 것이 아니라, 하나님의 말씀을 신뢰하여 믿음으로 선택하고 행동하는 것이 진리를 따라 사는 길임을 깨닫기 바란다.

믿음의 원칙을 잘 적용하기 위해 책에 자주 등장하는 그림과 도표를 기억해 두자.

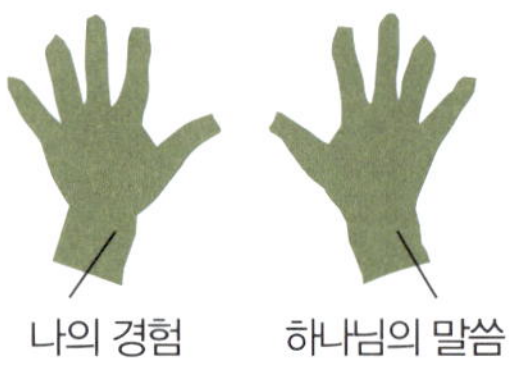

나의 경험은 이렇게 말한다	하나님은 이렇게 말씀하신다
나는 실패자이다.	롬 8:1 나는 정죄받지 않는다.

그림을 이해하기 위해, 당신의 왼손을 잡으라.

이 손은 당신이 살면서 겪은 긍정적, 부정적 경험의 실재이다. 관계, 성장 배경, 감정, 마음 아팠던 사건, 성공과 실패 등이 포함된다. 이 경험들은 당신을 형성해 왔고, 지금도 지속적으로 당신의 태도와 행동에 영향을 미치고 있다. 긍정적인 영향도 있고 부정적인 것도 있다. 성공한 경험이 교만한 태도에 영향을 미친다면, 실패한 경험은 죄책감이나 수치심에 영향을 미친다. 다른 사람들의 비판적인 목소리 때문에 나는 아무것도 아니라고 생각하기도 한다.

이제 오른손을 잡으라.

이 손은 하나님의 말씀, 성경에 계시된 대로 하나님께서 당신을 보시는 실재이다. 하나님은 당신을 예수님의 제자로 보신다. 당신은 유한한 존재이며 타락한 인간이다. 하지만 예수님의 제자인 당신은 전혀 새로운 사람이다. 당신은 완전히 용서받았으며, 무조건 용납받으며, 절대적으로 인정받으며, 결코 정죄받지 않으며, 예수님의 완전하심을 온전히 받아 누리는 사람이다.

인간은 누구나 자신의 경험(왼손)을 하나님의 시각(오른손)보다 더 실재적으로 여기는 경향이 있다. 이 책으로 훈련받는 동안 당신의 삶에서 하나님의 영향력을 더 많이 받아들이게 되길 바란다. 당신의 태도와 행동에서 하나님과 그 분의 말씀(오른손)의 영향력이 갈수록 커지게 되길 소원한다. 이 교재에서 몇 개의 성경 구절이 나오고 두 손의 그림이 나오면, 생각하라. "나의 경험은 이렇게 말한다." / "하나님은 이렇게 말씀하신다." 그리고 다음 세 가지를 하라.

복습 믿음의 원칙을 복습하라. 믿음은 상황, 감정 혹은 문화적 가치와 관계없이 성경을 진리로 믿고 살기로 선택하는 것이다.

질문 이 성경 구절을 진리로 믿고 살기로 선택한다면, 어떻게 살겠는가?
진리의 말씀이 당신의 태도, 행동, 관계에 어떠한 영향을 미치는가?
(롬 8:1은 예수님의 제자들에게는 더 이상 정죄가 없다고 말씀한다. 당신이 롬 8:1을 진리로 믿고 살기로 선택한다면, 어떻게 살겠는가? 이 말씀의 진리가 당신의 태도, 행동, 감정, 그리고 관계에 어떠한 영향을 미칠 것인가?)

기도 지금 읽은 성경의 진리가 당신의 생각과 행동, 관계에서 더 실재적이 되게 해 달라고 하나님께 기도하라. ("하나님, 저는 절대 정죄받지 않으며, 예수님을 통하여 완전히 용서 받았음을 믿습니다. 이 사실을 언제나 기억하게 해 주세요. ")

마지막으로 한 마디

어떤 영적 훈련이든 단순히 지적 훈련으로 그칠 위험성이 있다. 당신이 이 책에서 정보만 가져가는 일이 없기를 바란다. 라이프 빌더스 훈련을 통해, 하나님과 더 뜨겁고 친밀한 관계를 맺기를 기도한다. 성령의 능력으로 당신의 마음과 관계를 변화시키시는 하나님을 만나기 바란다. 하나님께서 당신을 축복하시고, 당신의 영적 여정을 소망과 기대로 충만하게 하시기를 바란다. 당신의 믿음이 성장하여, 하나님의 가족을 확장하고 튼튼하게 하는 일꾼이 되기 바란다.

감사의 말

라이프 빌더스의 훈련 과정은 국제 CCC 설립자인 빌 브라이트 박사의 제자 훈련 과정의 일부이다. 이 책의 많은 부분은 브라이트 박사가 개발한 훈련 자료의 내용을 담고 있다. 다시 한 번 브라이트 박사님께 감사 드리며, 그의 모범적인 삶과 사역에 경의를 표한다.

제1과 관계 점검

시작하기

핵심개념

예수님께서 우리의 죄를 위해 돌아가셨다. 이 사실을 믿을 때 우리는 놀라운 선물을 받게 된다. 이 선물은 하나님과 영원한 관계를 맺는 것이다.

성구암송

에베소서 2:8, 9를 암송하라.

너희는 그 은혜에 의하여 믿음으로 말미암아 구원을 받았으니 이것은 너희에게서 난 것이 아니요 하나님의 선물이라 행위에서 난 것이 아니니 이는 누구든지 자랑하지 못하게 함이라

믿음의 원칙

믿음은 상황, 감정 혹은 문화적 가치와 관계없이 성경을 진리로 믿고 살기로 선택하는 것이다.

히 11:6 a	**믿음**이 없이는 하나님을 기쁘시게 하지 못하나니
갈 3:11b	의인은 **믿음**으로 살리라 하였음이니라
롬 14:23b	**믿음**을 따라 하지 아니하는 것은 다 죄니라
고후 5:7	이는 우리가 **믿음**으로 행하고 보는 것으로 행하지 아니함이로라

생각하기

순종이는 어릴 때에는 부모님과 함께 교회에 다녔지만, 고등학교를 졸업하면서 그만 두었다. 부모님에게서 독립한 그는, 자기 삶에 스스로 결정을 내리며 사는 것이 너무나 홀가분했다. 스물 다섯에 꿈에도 그리던 직업을 갖게 되었고, 다음 해에 대학시절의 여자 친구와 결혼했다. 인생이 이보다 더 좋을 수는 없었다.

그런데 이 행복은 오래가지 않았다. 순종이는 아내와 거의 매일 다투기 시작했다. 직장에서 지위가 올라갈수록 업무 부담이 커져갔다. 퇴근 시간도 갈수록 늦어졌다. 아내와 다툴 때, 이혼이라는 말이 심심찮게 등장하기 시작했다. 이런 결혼을 꿈꾼 것은 아니었다. 한참 어려운 시기에, 직장 동료가 기독교 행사에 순종이를 초대했다. 그 날 저녁, 순종이는 직장 동료와 함께 기독교 행사에 참여했고 예수님을 믿기로 결심했다. 처음에는, 하나님과의 관계가 흥미진진하고 행복했다. 매 주일 친구와 함께 성경 공부에 참석했다. 삶과 직장, 결혼 생활에도 어느 정도 긍정적인 변화가 있었다.

시간이 흘렀다. 순종이는 승진이 되면서 업무의 부담감이 다시 무겁게 찾아왔다. 그러자 다시 아내와 다투기 시작했다. 순종이는 집에 있는 대신 회사에 나가서 일하기로 했다. '하나님께서 정말 내 삶을 변화시키고 계시는 걸까' 의심이 들었다. 그리스도인으로 요구되는 삶과 자기의 행동이 맞지 않는 것 같았다. 예수님께서 정말 내 삶에 계시는지 의심이 되었다. 아니, 처음부터 하나님과 관계가 있었는지 의심스럽기까지 했다.

토의

당신도 이런 비슷한 경험이 있거나 또는 이런 일을 겪고 있는 사람들을 알고 있는가?

순종이의 신앙 생활의 문제점은 무엇인가?

탐구

정말 안전한가?

앞의 예화의 순종이처럼 많은 그리스도인들이 하나님과의 관계의 확실성을 의심한다.
어떤 이는 이렇게 묻는다.

"내가 이렇게 잘못을 많이 했는데 어떻게 예수님께서 내 삶에 들어오실 수 있지?"

이렇게 묻는 사람도 있다.

"용서나 영생이 어떻게 선물이겠어? 그리스도를 그저 영접만 하는 것으론 부족해. 뭔가 더 필요할거라구."

대부분의 사람들은 죽는 순간 하나님의 사랑에서 끊어질까 두려워하는 경우가 많다. 많은 그리스도인들도 이런 생각들을 하며 고민한다. 이런 생각이 들면, 그리스도인은 어떻게 해야 할까?

예수님과의 관계를 맺는데 우리의 이성, 감성, 의지의 역할이 무엇인지 알아보자

이성의 역할

기독교는 맹목적으로 믿는 종교가 아니다. 납득할 만한 합리적 근거도 없이, 어떤 사람이나 사물을 무턱대고 믿는 것은 어리석은 일이다. 예를 들어, 높은 건물에서 떨어져도 죽지 않을 것이라고 온 마음을 다해 믿는 사람이 있다고 하자. 그가 실제로 높은 건물에서 떨어진다면 어떤 일이 생길까? 안타깝게도 그의 믿음보다는 중력의 법칙이 먼저 작용할 것이다. 참된 믿음은 믿을만한 대상을 믿는 것이다. 예수님을 믿으려면 이에 대한 합리적인 근거가 있는지 먼저 물어야 한다. 예수님이 자신에 대해 어떻게 말씀하셨는지 들어 보자.

다음 구절에서 예수님께서는 자신에 대해 어떻게 말씀하시는가?

요 10:30~33 나와 아버지는 하나이니라 하신대 유대인들이 다시 돌을 들어 치려 하거늘 예수께서 대답하시되 내가 아버지로 말미암아 여러 가지 선한 일로 너희에게 보였거늘 그 중에 어떤 일로 나를 돌로 치려 하느냐 유대인들이 대답하되 선한 일로 말미암아 우리가 너를 돌로 치려는 것이 아니라 신성모독으로 인함이니 네가 사람이 되어 자칭 하나님이라 함이로라

요 14:6~9 예수께서 이르시되 내가 곧 길이요 진리요 생명이니 나로 말미암지 않고는 아버지께로 올 자가 없느니라 너희가 나를 알았더라면 내 아버지도 알았으리로다 이제부터는 너희가 그를 알았고 또 보았느니라 빌립이 이르되 주여 아버지를 우리에게 보여 주옵소서 그리하면 족하겠나이다 예수께서 이르시되 빌립아 내가 이렇게 오래 너희와 함께 있으되 네가 나를 알지 못하느냐 나를 본 자는 아버지를 보았거늘 어찌하여 아버지를 보이라 하느냐

요 11:25~26 예수께서 이르시되 나는 부활이요 생명이니 나를 믿는 자는 죽어도 살겠고 무릇 살아서 나를 믿는 자는 영원히 죽지 아니하리니 이것을 네가 믿느냐

모하멧은 자기를 선지자라고 말했다. 부처는 자기를 불가지론자라고 했다.
공자는 자기를 윤리 선생이라고 말했다. 예수님은 자기를 하나님이라고 말씀하셨다.

다음 성경의 사건들은 예수님이 하나님이라는 사실을 어떻게 증명해주고 있는가?

마 8:23~27 배에 오르시매 제자들이 따랐더니 바다에 큰 놀이 일어나 배가 물결에 덮이게 되었으되 예수께서는 주무시는지라 그 제자들이 나아와 깨우며 이르되 주여 구원하소서 우리가 죽겠나이다 예수께서 이르시되 어찌하여 무서워하느냐 믿음이 작은 자들아 하시고 곧 일어나사 바람과 바다를 꾸짖으시니 아주 잔잔하게 되거늘 그 사람들이 놀랍게 여겨 이르되 이이가 어떠한 사람이기에 바람과 바다도 순종하는가 하더라

눅 5:17~26 하루는 가르치실 때에 갈릴리의 각 마을과 유대와 예루살렘에서 온 바리새인과 율법교사들이 앉았는데 병을 고치는 주의 능력이 예수와 함께 하더라 한 중풍병자를 사람들이 침상에 메고 와서 예수 앞에 들여놓고자 하였으나 무리 때문에 메고 들어갈 길을 얻지 못한지라 지붕에 올라가 기와를 벗기고 병자를 침상째 무리 가운데로 예수 앞에 달아 내리니 예수께서 그들의 믿음을 보시고 이르시되 이 사람아 네 죄 사함을 받았느니라 하시니 서기관과 바리새인들이 생각하여 이르되 이 신성 모독 하는 자가 누구냐 오직 하나님 외에 누가 능히 죄를 사하겠느냐 예수께서 그 생각을 아시고 대답하여 이르시되 너희 마음에 무슨 생각을 하느냐 네 죄 사함을 받았느니라 하는 말과 일어나 걸어가라 하는 말이 어느 것이 쉽겠느냐 그러나 인자가 땅에서 죄를 사하는 권세가 있는 줄을 너희로 알게 하리라 하시고 중풍병자에게 말씀하시되 내가 네게 이르노니 일어나 네 침상을 가지고 집으로 가라 하시매 그 사람이 그들 앞에서 곧 일어나 그 누웠던 것을 가지고 하나님께 영광을 돌리며 자기 집으로 돌아가니 모든 사람이 놀라 하나님께 영광을 돌리며 심히 두려워하여 이르되 오늘 우리가 놀라운 일을 보았다 하니라

고전 15:3~6 내가 받은 것을 먼저 너희에게 전하였노니 이는 성경대로 그리스도께서 우리 죄를 위하여 죽으시고 장사 지낸 바 되셨다가 성경대로 사흘 만에 다시 살아나사 게바에게 보이시고 후에 열두 제자에게와 그 후에 오백여 형제에게 일시에 보이셨나니 그 중에 지금까지 대다수는 살아 있고 어떤 사람은 잠들었으며

삼단논법

예수님 자신이 하나님이라고 말씀하셨다면, 실제로 그럴 가능성에 대하여 우리는 다음 세 가지로 생각해 볼 수 있다. 다음 그림을 보자.

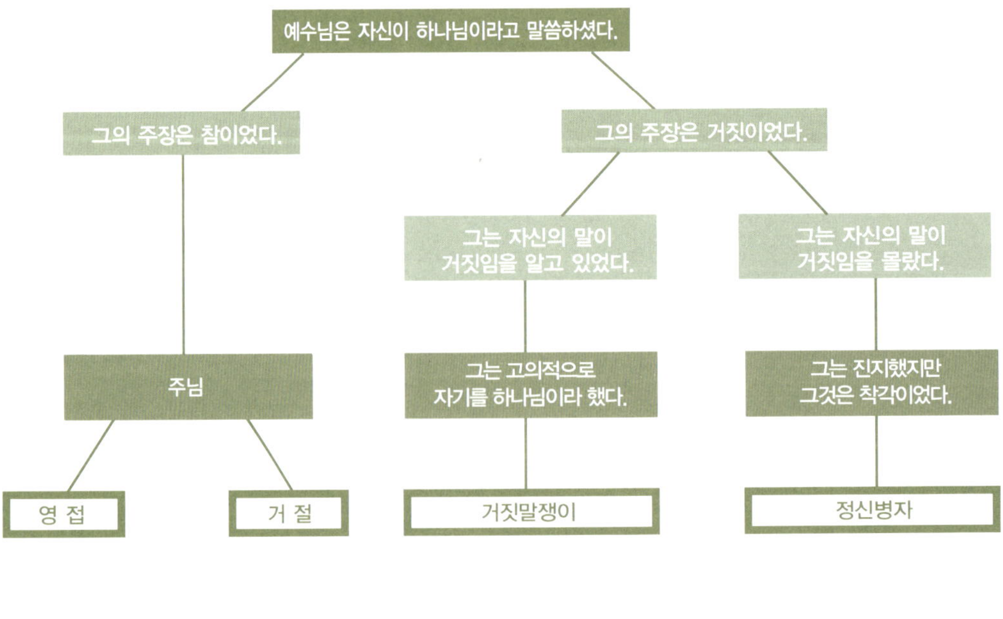

토의

위의 삼단논법에 의하면 당신은 예수님을 어떻게 생각하는가?

감정의 역할

감정은 사건이나 경험에 대한 느낌 혹은 반응이다. 하나님께서 감정을 창조하셨기 때문에 당신의 삶과 경험에서 감정은 매우 중요하다. 그러나 감정은 자주 변하기 때문에 감정의 기복에 따라 하나님과의 관계를 이어가는 것은 위험하다. 당신과 하나님의 관계는 성경 말씀에 의존해야 한다.

때로 항공 조종사가 감지하는 정보와, 계기판에 나타나는 정보가 다른 경우가 있다. 이때 조종사가 자기의 감정(자기가 맞을 것 같다는 느낌)을 신뢰하는 것은 어리석은 일이다. 조종사는 자신의 감정 보다는 계기판(사실)을 신뢰하도록(믿음) 훈련 받아야 한다. 그래야 비행기의 실제 고도, 위치, 방향을 알 수 있다. 마찬가지로 우리는 감정에 의지해서 하나님과의 관계를 측정해서는 안 된다.

예수 그리스도를 통한 하나님과의 인격적이고 생생한 관계를 확신하는 데 있어서 감정을 강조하는 것만큼 큰 걸림돌은 없을 것이다. 감정적인 경험을 추구하는 것은 믿음, 즉, 하나님을 기쁘시게 하는 믿음과는 상반되는 일이다. 성경은 다음과 같이 말한다. – 빌 브라이트

"믿음이 없이는 하나님을 기쁘시게 하지 못하나니" (히 11:6)

감정은 신앙생활에서 어떤 역할을 하는가?

우리는 무엇을 기준으로 신앙생활을 해야 하는가? 왜 그런가?

의지의 역할

하나님과 당신의 관계에서 의지의 역할은 결혼 관계를 예로 설명할 수 있다.

결혼관계	예수님과의 관계
– 당신은 지적으로 자신의 약혼자를 안다.	– 당신은 지적으로 예수님을 안다.
– 당신은 감정적으로 약혼자를 깊이 사랑한다.	– 당신은 감정적으로 하나님을 깊이 사랑한다. 당신에게 감정적인 체험이 있을 수도 있다.
– 하지만, 결혼 예식을 통해 의지적으로 '서약'하기 까지는 서로 남편과 아내가 된 것이 아니다.	– 하지만, 예수님을 당신의 구세주로 영접하는 의지적 행동을 하기까지는 그리스도인이 된 것이 아니다.

요 1:12은 하나님과의 관계를 맺으려면 우리가 무엇을 해야 한다고 말하는가?

요 1:12 영접하는 자 곧 그 이름을 믿는 자들에게는 하나님의 자녀가 되는 권세를 주셨으니

다음 도표를 따라 에베소서 2장 8, 9절을 읽어라.

너희는 그 은혜에 의하여 구원을 받았으니	은혜는 받을만한 자격이 없는데도 불구하고 주시는 하나님의 선물이다.
믿음으로 말미암아	믿음이란 하나님의 선물을 받아들이기로 선택하는 것이다.
이것은 너희에게서 난 것이 아니요 하나님의 선물이라 행위에서 난 것이 아니니 누구든지 자랑하지 못하게 함이라.	구원에 있어서 선행은 어떤 역할을 하는가?

1830년에 조지 윌슨은 미국 필라델피아 지방 법원에서 강도 살해 혐의로 교수형을 선고 받았다. 당시 미국 대통령 앤드류 존슨은 그를 대통령령으로 사면했다. 그런데 윌슨은 사면을 거절하면서, 자신이 거절하면 사면이 성립되지 않는다고 주장했다. 연방 대법원장 존 마샬은 다음과 같은 판결을 했다.

> "사면은 서면 기록으로써, 관련된 당사자의 수용 여부에 따라 가치가 결정된다. 교수형에 해당하는 죄수가 사면을 거절하는 경우는 거의 상상하기 어렵다. 하지만 거절한다면, 더 이상 사면이 아니다. 조지 윌슨은 교수형에 처해져야 한다."

결과는 어땠을까? 조지 윌슨은 교수대로 갔다. 마찬가지로, 모든 사람은 예수님께서 주시는 사면, 즉 죄 사함을 받아들여야 한다. 그렇지 않으면, 사면이 아니며 죄는 용서받지 못한다. 예수님께서 주시는 사면을 받아들인 당신과 하나님과의 관계는 안전하다.

다음 구절은 하나님과 당신의 관계에 대해서 무엇을 가르쳐 주는가?

요 10:27~29 내 양은 내 음성을 들으며 나는 그들을 알며 그들은 나를 따르느니라 내가 그들에게 영생을 주노니 영원히 멸망하지 아니할 것이요 또 그들을 내 손에서 빼앗을 자가 없느니라 그들을 주신 내 아버지는 만물보다 크시매 아무도 아버지 손에서 빼앗을 수 없느니라

롬 8:38~39 내가 확신하노니 사망이나 생명이나 천사들이나 권세자들이나 현재 일이나 장래 일이나 능력이나 높음이나 깊음이나 다른 어떤 피조물이라도 우리를 우리 주 그리스도 예수 안에 있는 하나님의 사랑에서 끊을 수 없으리라

요 10:27~29과 롬 8:38~39에서 하나님과 당신과의 관계가 안전하다는 말씀을 묵상할 때, 아래 도표에서 왼쪽과 오른쪽을 비교해 보라.

나의 경험은 이렇게 말할 것이다	하나님은 이렇게 말씀하신다
내가 죄를 지으면 하나님이 나를 떠나실 거야.	요 10:27~29 아무도 하나님의 손에서 나를 빼앗을 수 없어.
내가 어떻게 행동하느냐에 따라 나의 영원한 운명은 결정될 거야.	롬 8:38, 39 세상의 그 무엇도 하나님의 사랑에서 나를 끊을 수 없어.

복습 믿음은 상황, 감정 혹은 문화적 가치와 관계없이 성경을 진리로 믿고 살기로 선택하는 것이다.

질문 당신이 요 10:27~29과 롬 8:38~39를 진리로 믿고 살기로 선택한다면, 어떻게 살게 될까? 이 말씀의 진리가 당신의 태도, 행동 그리고 관계에 어떠한 영향을 미칠까?

기도 지금 읽은 성경의 진리가 당신의 생각과 생활 방식에 더 큰 실재가 되게 해 달라고 하나님께 기도하라.

토의

1. 당신이 지금 죽는다면 하늘 나라에 갈 것이라고 확신하는가?

확신한다 ---- 확신하기를 바란다 ---- 모르겠다 ---- 의심스럽다

2. 당신이 천국 문에 섰는데 하나님께서 "내가 너를 나의 천국에 들어오게 할 이유가 무엇이냐?" 물으신다면 당신은 무엇이라 대답하겠는가?

마치기 전에

만일 당신이 하나님께서 예수님을 통해 주시는 용서의 선물을 받아들이기로 결정한 적이 없다면 혹은 확신하지 못한다면, 다음 내용을 더 읽어 보라.

그리스도를 영접한다는 뜻은 나 중심에서 하나님 중심으로 바꾸는 것이며 예수님께서 내 안에 들어오셔서 내 죄를 용서하시고 그분이 원하시는 사람이 되도록 그리스도께 나를 맡기는 것입니다. 예수 그리스도의 말씀에 지적으로 동의 한다든가 감정적인 경험만으로는 충분하지 않다. 우리는 믿음의 행위인 믿음으로 예수 그리스도를 영접해야 한다.

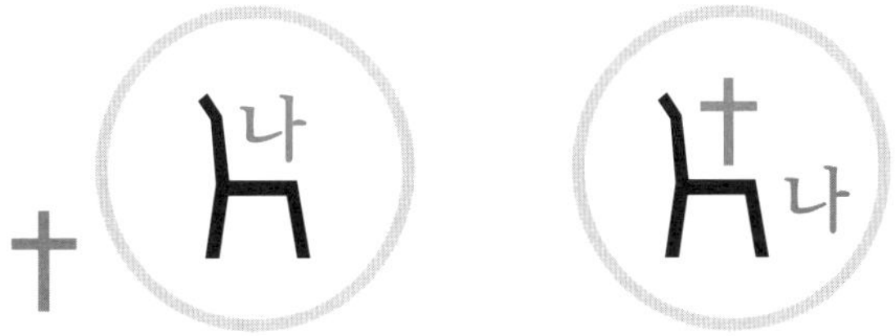

두 그림 중 당신의 삶을 가장 잘 표현하는 것은 어떤 것인가?
두 그림 중 당신은 어느 그림에 속하기를 원하는가?

당신은 바로 지금 기도로 예수님을 영접할 수 있다. 기도는 단순하게 하나님과 대화하는 것이다. 하나님께서는 당신의 마음을 아신다. 당신이 어떻게 말하는가 보다는 마음의 태도에 더 관심을 두신다. 다음과 같이 기도해 보자.

> 주 예수님, 나는 주님을 믿고 싶습니다. 십자가에서 죽으심으로 내 죄 값을 담당하시니 감사합니다. 지금 나는 내 마음의 문을 열고 예수님을 나의 구주, 나의 하나님으로 영접합니다. 나의 죄를 용서하시고 영생을 주심을 감사합니다. 나를 다스려 주시고, 나를 주님이 원하시는 사람으로 만들어 주옵소서. 예수님의 이름으로 기도합니다. 아멘.

이 기도가 당신의 마음을 잘 표현한다고 생각하는가?

그렇다면, 잠시 위와 같이 하나님께 기도하라. 그러면 예수님께서 약속하신 대로 당신의 삶에 들어오실 것이다. 예수님을 통해 하나님이 주시는 용서의 선물을 받아들이는 기도를 했다면, 당신은 이제 당신을 창조하신 분과 영원한 관계를 맺은 것이다. 이제 당신은 하나님의 가족이다. 예수님께서 당신의 삶에 들어오셨다. 예수님은 결코 당신을 떠나지 않으실 것이다(히 13:5). 당신과 하나님의 관계는 당신의 감정, 경험, 혹은 당신 행동과는 전혀 관계 없이 안전하며 변치 않는다.

제2과

하나님의 용서를 경험하려면?

시작하기

핵심개념

하나님의 용서는 예수님께서 우리를 대신하여 죽으신 결과이며, 완전하고 영원하다.

성구암송

요한일서 1:9를 쓰고 암송하라.

만일 우리가 우리 죄를 자백하면 그는 미쁘시고 의로우사 우리 죄를 사하시며 우리를 모든 불의에서 깨끗하게 하실 것이요

생각하기

고등학교를 졸업하자마자, 주성이는 그리스도를 영접했다. 그의 누나인 주희가 그리스도를 영접할 수 있도록 도왔다. 몇 년이 지난 지금, 두 사람의 삶은 어떤 모습일까?

처음에는 그리스도 안에서 어느 정도 성장했지만, 주성이는 예수님을 믿기 전에 지었던 죄 때문에 갈등하고 있었다. 죄에서 오는 유혹을 이겨 보려고 애썼지만, 결국은 포기하고 말았다. 지금은 자기가 무엇을 잘못하는지에 대해서도 무심해졌다. 그는 하나님과의 관계를 발전시키려고 노력하지 않으며, 다른 사람들과의 관계조차 소원한 태도를 취했다. 그의 동료, 친구들, 그와 교제했던 자매들은 그가 왜 이렇게 냉랭해졌는지 의아하게 생각한다.

주희는 꾸준히 그리스도인 친구들과 교제를 나누며, 교회 활동에도 참여하고 있다. 하지만 그녀 역시 은밀한 죄 때문에 여전히 갈등하고 있다. 주성이처럼 그녀도 오래된 죄의 습관을 끊어 보려고 발버둥쳤다. 그녀는 하나님과의 관계에 대해 진지하게 고민했지만, 죄를 짓게 될 때마다 실망하곤 했다. 하나님께서 이렇게 거듭해서 나를 용서하실 수 있을까? 하나님도 이제는 반복되는 죄 때문에 지쳐서 날 포기하신 건 아닐까? 많은 죄들 때문에 하나님의 사랑을 잃어버리는 게 되는 건 아닐까? 그녀 역시 신앙의 슬럼프에 빠졌다.

토의

주성이와 주희의 신앙생활에서 문제점은 무엇이라고 생각하는가? 당신도 이와 같은 경험을 한 적이 있는가?

예수님은 그리스도인의 삶을 모험에 빗대어 설명하셨다. 그리스도인들 중에 예수님께서 의도하셨던 삶을 경험하는 사람들도 있다. 자기들이 어디로 가는지 알고 이 여정을 즐긴다. 하지만 불행하게도 대부분의 그리스도인들은 어디로 가야하는지 알지 못할 뿐 아니라 어떤 사람들에게는 그리스도인의 삶이 갈등이 되기도 한다. 또 어떤 사람들에게는 예수님과의 관계가 그들의 일상 생활에 전혀 영향을 미치지 못한다.

탐구

하나님의 사랑과 용서

누가복음 15:11~32을 읽으라.

눅 15:11~32 11 또 이르시되 어떤 사람에게 두 아들이 있는데 12 그 둘째가 아버지에게 말하되 아버지여 재
산 중에서 내게 돌아올 분깃을 내게 주소서 하는지라 아버지가 그 살림을 각각 나눠 주었더니 13 그 후 며칠
이 안 되어 둘째 아들이 재물을 다 모아 가지고 먼 나라에 가 거기서 허랑방탕하여 그 재산을 낭비하더니 14
다 없앤 후 그 나라에 크게 흉년이 들어 그가 비로소 궁핍한지라 15 가서 그 나라 백성 중 한 사람에게 붙여 사
니 그가 그를 들로 보내어 돼지를 치게 하였는데 16 그가 돼지 먹는 쥐엄 열매로 배를 채우고자 하되 주는 자
가 없는지라 17 이에 스스로 돌이켜 이르되 내 아버지에게는 양식이 풍족한 품꾼이 얼마나 많은가 나는 여기
서 주려 죽는구나 18 내가 일어나 아버지께 가서 이르기를 아버지 내가 하늘과 아버지께 죄를 지었사오니 19
지금부터는 아버지의 아들이라 일컬음을 감당하지 못하겠나이다 나를 품꾼의 하나로 보소서 하리라 하고 20
이에 일어나서 아버지께로 돌아가니라 아직도 거리가 먼데 아버지가 그를 보고 측은히 여겨 달려가 목을 안고
입을 맞추니 21 아들이 이르되 아버지 내가 하늘과 아버지께 죄를 지었사오니 지금부터는 아버지의 아들이라
일컬음을 감당하지 못하겠나이다 하나 22 아버지는 종들에게 이르되 제일 좋은 옷을 내어다가 입히고 손에 가
락지를 끼우고 발에 신을 신기라 23 그리고 살진 송아지를 끌어다가 잡으라 우리가 먹고 즐기자 24 이 내 아들
은 죽었다가 다시 살아났으며 내가 잃었다가 다시 얻었노라 하니 그들이 즐거워하더라 25 맏아들은 밭에 있다
가 돌아와 집에 가까이 왔을 때에 풍악과 춤추는 소리를 듣고 26 한 종을 불러 이 무슨 일인가 물은대 27 대답
하되 당신의 동생이 돌아왔으매 당신의 아버지가 건강한 그를 다시 맞아들이게 됨으로 인하여 살진 송아지를
잡았나이다 하니 28 그가 노하여 들어가고자 하지 아니하거늘 아버지가 나와서 권한대 29 아버지께 대답하여
이르되 내가 여러 해 아버지를 섬겨 명을 어김이 없거늘 내게는 염소 새끼라도 주어 나와 내 벗으로 즐기게 하
신 일이 없더니 30 아버지의 살림을 창녀들과 함께 삼켜 버린 이 아들이 돌아오매 이를 위하여 살진 송아지를
잡으셨나이다 31 아버지가 이르되 얘 너는 항상 나와 함께 있으니 내 것이 다 네 것이로되 32 이 네 동생은 죽
었다가 살아났으며 내가 잃었다가 얻었기로 우리가 즐거워하고 기뻐하는 것이 마땅하다 하니라

1. 위의 비유에서 아버지는 누구를 가리키는가?

2. 이 비유의 중요한 교훈은 무엇인가?

3. 큰 아들의 태도에 대해서 어떻게 생각하는가?

하나님께서는 모든 그리스도인들을 무조건적으로 사랑하시고 용서하시고 용납하신다. 그러나 우리는 종종 하나님께 사랑 받지 못하고, 용서 받지 못하며, 용납 받지 못한 사람들처럼 살아간다. 우리는 매일 하나님을 거역하고, 우리의 감정, 상황, 문화가 우리에 대해 들려주는 말을 믿으려는 우리의 자연적 성향과 맞닥뜨린다. 이런 성향을 내버려두면, 점차 하나님을 거역하고 자족하려는 생활 태도가 몸에 배게 된다.

하나님의 죄 용서의 근거

히 10:10~18을 읽어라

히 10:10~18 10 예수 그리스도는 하나님께서 원하시는 일을 하셨습니다. 우리는 예수 그리스도께서 단번에
몸을 드리신 제사를 통해 거룩함을 입었습니다. 11 제사장들은 매일 제단 앞에 서서 맡은 일을 행합니다. 그러
나 그 제사들은 죄를 없애지 못합니다. 12 그리스도께서는 죄를 위해 단 한 번의 제사를 드리시고 하나님 오
른쪽에 앉으셨습니다. 13 그리스도는 원수들이 그의 발 앞에 무릎 꿇을 때까지 그 곳에서 기다리고 계십니다.
14 한 번의 제사로 그는 거룩하게 된 자들을 영원히 완전하게 하셨습니다. 15 성령께서 또한 우리에게 이것에
관해 말씀하십니다. 16 "나중에 내가 다시 이스라엘 백성과 함께 새 언약을 맺을 것이다. 내가 나의 가르침을
그들의 마음속에 새기고, 그들의 가슴에 기록할 것이다." 17 또 말씀하십니다. "그들의 죄와 악한 행동을 내가
다시는 기억하지 않을 것이다." 18 이런 죄와 악한 행동을 용서받았기 때문에 더 이상 죄를 위한 제사는 필요
하지 않게 되었습니다. (쉬운성경)

10~14절에 의하면 그리스도께서 우리 죄를 위하여 어떤 일을 하셨는가?

14~18절에서 우리가 받은 죄 사함의 정도를 나타내는 단어 혹은 구절은 무엇인가?

히브리서 말씀은 예수님이 우리 모두를 위해 죽으심으로 단번에 우리의 모든 죄를 해결해 주셨다고 가르쳐 준다.

아래 빈 칸을 채워 넣어라

예수님의 죽음	당신이 태어남	당신이 예수님을 영접함
29 A.D.	19____년 ___월 ___일	______년 ___월 ___일

토의

위의 연표에 의하면 당신이 예수님을 영접한 이후에 지은 죄는 어떻게 될까?

당신이 오늘 혹은 미래에 지을 죄에 대하여 예수님께서 어떤 일을 하셨는가?

믿음의 원칙을 당신이 경험한 하나님의 용서에 적용하라

용서에 관한 말씀, 히브리서 10:10과 10:14를 묵상하면서 아래 도표를 채워 넣어라.

나의 경험은 이렇게 말할 것이다	하나님은 이렇게 말씀하신다
	히브리서 10:10
	히브리서 10:14

복습 믿음은 상황, 감정 혹은 문화적 가치와 관계 없이 성경을 진리로 믿고 살기로 선택하는 것이다.

질문 당신이 히 10:10과 10:14를 진리로 믿고 살기로 선택한다면, 어떻게 살게 될까?
이 말씀의 진리가 당신의 태도, 행동 그리고 관계에 어떤 영향을 미치게 될까?

기도 지금 읽은 성경의 진리가 당신의 생각과 생활 방식에 더 큰 실재가 되게 해 달라고 하나님께 기도하라.

관계와 교제

성경은 예수 그리스도를 믿는 우리들의 죄는 과거, 현재, 미래의 것 까지도 다 용서 받았다고 분명하게 말한다. 죄는 하나님과 우리의 관계에 아무 영향도 미칠 수 없다. 하지만 하나님과 우리의 교제에는 영향을 미친다. 예를 들어, 아버지와 아들의 관계는 아들이 어떤 행동을 해도 끊어지지 않는다. 아들이 어떤 잘못을 해도 아버지의 아들이라는 사실은 변할 수 없다. 심지어 아들이 아버지를 거역하고 화를 내며 집을 나가버렸고, 아버지가 아들을 찾으려고 백방으로 노력해도 아들을 찾을 수 없었다고 해도 아버지와 아들의 관계가 끊어지는 것은 아니다. 그러나 교제는 끊어질 것이다.

집을 나간 아들은 여전히 아버지의 아들인가?

우리가 죄를 지으면 하나님과의 관계와 교제에 어떤 영향을 미치게 되는가?

하나님과 교제의 회복

어떻게 하나님과의 교제를 회복할 수 있을까?

요일 1:9은 당신이 죄를 지었을 때 어떻게 하라고 말하는가? 고백이란 당신의 죄에 대하여 하나님께서 하시는 말씀에 동의하는 것이다.

> **요일 1:9** 만일 우리가 우리 죄를 자백하면 그는 미쁘시고 의로우사 우리 죄를 사하시며 우리를 모든 불의에서 깨끗하게 하실 것이요 (참고 : 미쁘시고=신실하시고)

고백에는 네 가지 면이 있다.

1. **동의** : 지적하시는 죄에 동의하고 인정

2. **감사** : 용서해주셨음을 감사

3. **회개** : 마음의 태도와 행동을 바꿈

4. **믿음으로 신뢰** : 하나님과의 교제가 회복되었음을 믿고 신뢰

하나님께서 당신이 지은 죄를 생각나게 하실 때 죄를 고백하면, 당신은 하나님과의 교제를 유지할 수 있다. 당신은 더 이상 죄책감과 두려움 혹은 수치심을 느끼며 살 필요가 없다.

즉시 고백하라:
당신이 지은 죄가 깨달아지거든, 즉시 고백하라. 죄가 쌓이지 않도록 주의하라.
하나님과 교제가 끊어진 상태를 오래 끌지 말라.

변상의 중요성

당신이 지은 죄를 변상해야 할 경우가 있다. 마 5:23, 24를 보면 예수님께서는 우리가 다른 사람들과 화해해야 한다고 말씀하신다. 당신이 다른 사람에게 죄를 지었다면 그 사람을 찾아가 잘못을 바로 잡거나 용서를 구해야 한다.

당신이 그 사람에게 가서 용서를 구하거나 바로 잡아야 할 것을 바로 잡았다면, 계속해서 하나님의 용서하심을 경험할 수 있다. 당신이 용서를 구한 사람에게서 기대했던 반응이 없다해도 마찬가지이다.

마 5:23~24 그러므로 예물을 제단에 드리려다가 거기서 네 형제에게 원망들을 만한 일이 있는 것이 생각나거든 예물을 제단 앞에 두고 먼저 가서 형제와 화목하고 그 후에 와서 예물을 드리라

여전히 죄책감을 느낄 때

당신이 죄를 고백한 후에도 여전히 죄책감을 느낄 때가 있다. 또한 하나님께서 당신을 용서하시지 않은 것처럼 느낄 때도 있다. 그 이유는 우리가 하나님의 말씀보다 우리의 감정을 더 신뢰하기 때문이다.

어떤 경우에는 원인이 우리에게 있지 않은 때도 있다. 사탄의 이름은 '참소하는 자'라는 뜻이다(계 12:10). 사탄의 주요 목적 중 하나는 당신이 예수 그리스도를 통해 용서 받았음을 확신하지 못하도록 방해하는 것이다. 당신의 죄를 하나님께 고백한 후에도 죄책감이 남아 있게 하고, 때로는 용서받은 것을 의심하게 한다. 사탄의 거짓말을 버리고 하나님의 진리에 집중하기를 선택하라. 믿을 만한 그리스도인 친구에게 당신의 고민을 나누고 기도를 부탁하는 것도 도움이 된다.

때로 사람들은 죄책감이 하나님께로부터 온 것인지 사탄으로부터 온 것인지 분별하기 어려워한다. 하나님은 당신이 지은 특정한 죄를 지적하신다 ("네가 그 사람에게 화를 낸 것은 잘못이야"). 하지만 사탄은 애매모호하게 참소한다 ("너는 나쁜 인간이야"). 하나님께서는 당신을 자유와 용서의 영역으로 데려 오고 싶어 하신다. 하지만 사탄은 막연한 두려움과 죄책감, 수치심의 어둠 속에 당신을 가둬두려 한다.

고백에 관한 요약

– 고백은 더 많은 용서를 받고 싶을 때 하는 것이 아니다.

– 고백은 우리를 향하신 하나님의 사랑에 반응하는 것이다.

– 고백하면 하나님과 계속해서 교제를 누리게 된다.

마치기 전에

1. 잠시 동안 하나님과 단 둘이 시간을 가지라. 이 시간에 다음 네 가지를 하라.

a. 당신의 삶에 아직 고백하지 않은 죄가 있는지 하나님께 보여달라고 기도하라.

b. 하나님께서 깨닫게 해 주시는 죄들을 종이에 적고, 각각 하나님께 고백하라.
하나님과 당신만 아는 문제이기 때문에 정직하게 고백할 수 있다.

c. 하나님께 죄들을 고백했다면, 요일 1:9의 말씀에 있는 죄 사함의 약속을 적으라.

d. 기록했던 죄의 목록을 찢든지 버려라.
하나님께서 당신의 모든 죄를 용서해 주셨음을 감사 드려라.

2. 하나님께서 마음에 떠오르게 하시는 사람들에게 찾아가 변상을 하거나 용서를 구하라.

당신이 죄를 고백한 후에는 당신 마음에 남아있는 어떠한 죄책감도 하나님께서 주시는 것이 아니라 사탄이 주는 것임을 명심하라. 하나님의 용서는 완전하다

성경은 하나님의 용서에 대해 다음과 같이 말한다.
"동이 서에서 먼 것 같이 우리의 죄과를 우리에게서 멀리 옮기셨으며"(시 103:12)
이 구절을 외우라.

제3과 정체성 확인

시작하기

핵심개념

예수님을 믿었을 때 당신은 전혀 새로운 정체성을 가지게 되었다.
하나님 앞에서 그리고 하나님을 향하여 당신은 전혀 다른 사람이 되었다.

성구암송

마 5:13~14를 암송하라.

> 너희는 세상의 소금이니 소금이 만일 그 맛을 잃으면 무엇으로 짜게 하리요 후에는 아무 쓸데 없어 다만 밖에 버려져 사람에게 밟힐 뿐이니라 너희는 세상의 빛이라 산 위에 있는 동네가 숨겨지지 못할 것이요

생각하기

정수는 한 달전에 사영리를 통해 예수님을 영접했다. 모든 죄가 용서받았다는 말을 듣고 너무 기뻤다. 그리고 죄를 지으면 그때 그때 죄를 고백만 하면 된다고 배워서 더 기뻤다. 이제 부터는 죄를 지어도 전혀 걱정할 필요가 없다고 생각하게 되었다.

토의

1. 당신은 정수의 의견에 대해 어떻게 생각하는가? 그의 생각이 옳다고 보는가?

2.그러면 그리스도인의 올바른 삶은 어떠해야 한다고 생각하는가?

탐구

우리가 예수님을 믿으면 새로운 정체성을 부여 받는다. 하나님께서는 우리를 자녀삼으신다. 우리를 하나님 나라의 시민으로 만드신다. 우리는 그리스도인이라 불리게 되며, 하나님의 성품을 닮게 된다. 이제부터는 하나님의 자녀로서 생각하고 행동해야 한다. 하나님이 우리에게 요구하시는 삶의 기준을 살펴보자.

당신은 새로운 정체성을 갖게 되었다

> 많은 그리스도인들이 그리스도 안에서 자신들의 유산인 자유를 누리지 못하고 산다.
> 그들이 예수를 믿게 된 순간 그들 안에서 일어난 엄청난 변화를 이해하지 못하기 때문이다.
> – 닐 앤더슨 –

그리스도 안에서 우리의 정체성은 신약 성경 전체에 광범위하게 나타나있다. 그 중에 마태복음의 한 부분에서 보여주는 우리의 '정체성'을 생각해보자.

마 5:1~16을 읽으라.

마 5:1~16 1 예수께서 무리를 보시고 산에 올라가 앉으시니 제자들이 나아온지라 2 입을 열어 가르쳐 이르시되 3
심령이 가난한 자는 복이 있나니 천국이 그들의 것임이요 4 애통하는 자는 복이 있나니 그들이 위로를 받을 것임
이요 5 온유한 자는 복이 있나니 그들이 땅을 기업으로 받을 것임이요 6 의에 주리고 목마른 자는 복이 있나니 그
들이 배부를 것임이요 7 긍휼히 여기는 자는 복이 있나니 그들이 긍휼히 여김을 받을 것임이요 8 마음이 청결한 자
는 복이 있나니 그들이 하나님을 볼 것임이요 9 화평하게 하는 자는 복이 있나니 그들이 하나님의 아들이라 일컬
음을 받을 것임이요 10 의를 위하여 박해를 받은 자는 복이 있나니 천국이 그들의 것임이라 11 나로 말미암아 너
희를 욕하고 박해하고 거짓으로 너희를 거슬러 모든 악한 말을 할 때에는 너희에게 복이 있나니 12 기뻐하고 즐거
워하라 하늘에서 너희의 상이 큼이라 너희 전에 있던 선지자들도 이같이 박해하였느니라 13 너희는 세상의 소금이
니 소금이 만일 그 맛을 잃으면 무엇으로 짜게 하리요 후에는 아무 쓸 데 없어 다만 밖에 버려져 사람에게 밟힐 뿐
이니라 14 너희는 세상의 빛이라 산 위에 있는 동네가 숨겨지지 못할 것이요 15 사람이 등불을 켜서 말 아래에 두
지 아니하고 등경 위에 두나니 이러므로 집 안 모든 사람에게 비치느니라 16 이같이 너희 빛이 사람 앞에 비치게
하여 그들로 너희 착한 행실을 보고 하늘에 계신 너희 아버지께 영광을 돌리게 하라

이 말씀은 예수님께서 산 위에서 하신 '산상보훈'이라는 유명한 설교의 일부분이다. 특히 1~10절은 '팔복'이라고 불린다.

1. 그리스도인들은 다음과 같은 복을 누리는 자들이다 (마 5:1~12)

(1) 심령이 가난한 자는 어떤 사람들이라고 생각하는가? 그들은 어떤 복을 누리게 되는가?(3절)

(2) 애통하는 자는 무엇에 대해 애통하는가? 그들은 어떤 복을 누리게 되는가?(4절)

(3) 온유한 자들은 어떤 자들인가? 그들은 어떤 복을 누리게 되는가?(5절) 당신은 온유한 자인가?

(4) 의에 주리고 목마른 자들을 주위에서 본 적이 있는가? 그들은 어떤 복을 누리게 되는가?(6절)

(5) 긍휼히 여기는 자들은 어떤 복을 누리게 되는가?(7절) 당신은 다른 사람들에게 어떻게 긍휼을 베풀고 있는가?

(6) 하나님을 보기를 원하는가? 8절에 의하면 하나님을 보려면 무엇이 요구되는가?

(7) 9절에 의하면 그리스도인의 중요한 임무 중 하나는 무엇인가?

당신은 가정, 친구, 직장, 사회 속에서 화평하게 하는 자인가?

(8) 10~12절을 읽고 8번째 복에 대해서 생각을 나누어보라.

2. 그리스도인은 세상에서 빛과 소금이 되어야 한다(마 5:13~16)

(1) '세상의 소금'의 의미는 무엇인가?

(2) '세상의 빛'의 의미는 무엇인가?

(3) 16절의 의미는 무엇인가? 특히 16절을 묵상하고 현재 그리스도인들이 이 말씀을 얼마나 제대로 실천하고 있는지 토의해보라. 당신은 이 말씀을 어떻게 실천하려는가? 무엇이 어려운가?

당신은 그리스도를 믿음으로 새로운 정체성을 따라 산다

하나님께서 그리스도인에게 요구하시는 삶의 기준을 마태복음 5장에서 엿볼 수 있다. 그러나 그 삶이 그렇게 쉬운 것은 아니다. 우리 자신의 힘으로는 그러한 삶을 사는 것이 불가능하다. 그러므로 우리는 성령의 도우심이 필요하다.

이것은 다음 과에서 배울 것이다. 이 과에서 강조하고 싶은 것은 예수님이 죄를 용서하셨다고 우리가 마구 죄를 짓고 사는 것은 결코 하나님의 자녀답게 사는 것이 아니라는 것이다.

마태복음 5~7장을 시간이 나는대로 읽고 하나님이 원하시는 삶에 대해서 더 묵상해보라.

믿음의 원칙을 당신이 경험한 그리스도 안의 새로운 정체성에 적용하라

새로운 정체성을 따라 살라는 말씀인 마태복음 5:16을 묵상하면서 아래 도표를 채워 넣어라.

나의 경험은 이렇게 말할 것이다	하나님은 이렇게 말씀하신다
	마 5:16

복습 믿음은 상황, 감정 혹은 문화적 가치와 관계 없이 성경을 진리로 믿고 살기로 선택하는 것이다.

질문 당신이 마5:16을 진리로 믿고 살기로 선택한다면, 어떻게 살게 될까?
이 말씀의 진리가 당신의 태도, 행동 그리고 관계에 어떤 영향을 미치게 될까?

기도 지금 읽은 성경의 진리가 당신의 생각, 감정, 행동에 더 큰 실재가 되게 해 달라고 하나님께 기도하라.

제4과

성령 충만이란?

LIFE BUILDERS

시작하기

핵심개념

하나님께서는 우리가 인간의 노력으로 겉으로만 변화되는 것을 원치 않으신다. 하나님께서는 우리 안에 계시는 성령으로 말미암아 내면에서부터 완전히 변화되기를 원하신다.

성구암송

에베소서 5:18을 암송하라.

술 취하지 말라 이는 방탕한 것이니 오직 성령으로 충만함을 받으라

믿음의 원칙

믿음은 상황, 감정 혹은 문화적 가치와 관계 없이 성경을 진리로 믿고 살기로 선택하는 것이다.

고후 5:7	이는 우리가 **믿음**으로 행하고 보는 것으로 행하지 아니함이로라
히 11:6a	**믿음**이 없이는 하나님을 기쁘시게 하지 못하나니
갈 3:11b	의인은 **믿음**으로 살리라 하였음이니라
롬 14:23b	**믿음**을 따라 하지 아니하는 것은 다 죄니라

생각하기

연수는 몇 년 전에 갑자기 남편을 잃었다. 남편은 연수의 가장 좋은 친구였다. 이제 그녀는 돈도 없고 외로운 처지가 되었다. 하루는 연수의 오랜 친구 경미가 집으로 찾아왔다. 경미는 연수의 집안을 구석구석 청소해 주었다. 집안을 정리하다가 오래된 책상 위에 놓인 "연수에게" 라는 제목의 파일을 발견했다. 그 안에는 연수의 인생을 완전히 바꿔 놓을 수 있는 보물이 들어 있었다.

그 안에는 남편이 연수에게 보낸 편지들이 아직 개봉되지 않은 채로 들어 있었다. 남편은 죽기 전에, 연수가 혼자 살면서 겪게 될 사건마다 어떻게 대처해야 할지를 적어 놓은 편지였다. 편지마다 남편이 연수를 얼마나 깊이 사랑하는지 알 수 있었다. 연수는 편지를 읽는 것만으로도 남편이 마치 살아 있는 것처럼 느껴졌다. 마음이 편안해졌다.

그 안에는 또한 옛날 예금 통장들, 비밀 금고, 남편이 죽기 전에 어떻게 연수에게 필요한 재정을 남겨 놓았는지 기록되어 있었다. 기록된 주식과 예금 잔고 등을 전부 계산해 보니 10억이나 되었다! 그것도 모르고 연수는 그동안 가난하게 살아온 것이다. 남편이 그녀의 필요를 다 채워 놓고 떠났는데도 연수는 깨닫지 못했던 것이다.

토의

연수의 경험은 어떤 면에서 당신과 관련이 있는가? 얼마나 많은 그리스도인들이 처음에는 예수님과 인격적인 관계를 시작해 놓고 나머지 일생을 마치 주님과 관계 없는 것처럼 그리스도인의 삶을 마치 혼자 사는 것처럼 사는지 모른다. 아래 단어들 중에서 그리스도인으로서 현재의 당신을 나타낸다고 생각하는 단어에 동그라미를 해보라.

스트레스	의무	성장하는	공허한	혼란스러운
성취된	염려하는	열등한	그저 그런	기쁨에 찬
기복이 심한	죄책감	능력 받은	열매 맺는	목표 없는
성숙한	낙심한	부정적인	친밀한	불확실한
연약한	두려운	믿음	거룩한	기타

탐구

예수님은 우리에게 성령님을 약속하셨다

예수님께서 말씀하셨다. "내가 아버지께 구하겠으니 그가 또 다른 보혜사를 너희에게 주사 영원토록 너희와 함께 있게 하리니 그는 진리의 영이라… 너희는 그를 아나니 그는 너희와 함께 거하심이요 또 너희 속에 계시겠음이라 내가 너희를 고아와 같이 버려두지 아니하고 너희에게로 오리라" (요 14:16-18)
예수님께서 이 땅의 사역을 마치시기 직전에 제자들을 위로하며 하신 말씀이다. 예수님께서 떠나시면 그들에게 "또 다른 보혜사(helper)"를 보내 주시겠다고 약속하셨다.

성령님은 누구신가?

(1) 성령님은 하나님이시다.

(2) 성령님은 삼위일체 하나님의 세 번째 위격이시다.

(3) 삼위일체 하나님은 성부 하나님, 성자 하나님(예수님) 그리고 성령 하나님이시다.
행 5:3, 4에서는 하나님이신 성령님의 신성을 말씀하고 있다.

> 베드로가 이르되 아나니아야 어찌하여 사탄이 네 마음에 가득하여 네가 성령을 속이고 땅 값 얼마를 감추었느냐 땅이 그대로 있을 때에는 네 땅이 아니며 판 후에도 네 마음대로 할 수가 없더냐 어찌하여 이 일을 네 마음에 두었느냐 사람에게 거짓말한 것이 아니요 하나님께로다

(4) 성령님은 우리를 돕기 위해 보혜사로 오셨다.

참고: 성령님은 "그것"(it)이 아니다. 성령님은 인격(person)이시다. 신비한 어떤 능력(power)이 아니다.

성령님은 나의 생활에서 어떤 역할을 하시는가?

(1) 성경은 성령님께서 영적인 생명과 능력을 공급해 주신다고 말한다.
(2) 성령님께서는 우리가 그리스도인으로서 살아가는데 필요한 모든 것을 공급하신다.

다음에서 성령님의 하시는 일을 더 찾아보라.

갈 5:22, 23 오직 성령의 열매는 사랑과 희락과 화평과 오래 참음과 자비와 양선과 충성과 온유와 절제니 이같은 것을 금지할 법이 없느니라

요 16:13, 14 그러나 진리의 성령이 오시면 그가 너희를 모든 진리 가운데로 인도하시리니 그가 스스로 말하지 않고 오직 들은 것을 말하며 장래 일을 너희에게 알리시리라 그가 내 영광을 나타내리니 내 것을 가지고 너희에게 알리시겠음이라

행 1:8 오직 성령이 너희에게 임하시면 너희가 권능을 받고 예루살렘과 온 유대와 사마리아와 땅 끝까지 이르러 내 증인이 되리라 하시니라

믿음의 원칙을 성령님의 역할에 적용하라

성령님의 역할에 관해 보여주는 갈 5:22, 23을 묵상하면서 아래 도표를 채워 넣어라.

나의 경험은 이렇게 말할 것이다	하나님은 이렇게 말씀하신다
	갈 5:22, 23

복습 믿음은 상황, 감정 혹은 문화적 가치와 관계 없이 성경을 진리로 믿고 살기로 선택하는 것이다.

질문 당신이 갈 5:22~23을 진리로 믿고 살기로 선택한다면, 어떻게 살게 될까?
이 말씀의 진리가 당신의 태도, 행동 그리고 관계에 어떤 영향을 미치게 될까?

기도 지금 읽은 성경의 진리가 당신의 생각, 감정, 행동에 더 큰 실재가 되게 해 달라고 하나님께 기도하라.

성령 충만이란 무슨 뜻인가?

엡 5:18은 성령 충만을 실제적인 삶과 연결해서 설명한다.

> 술 취하지 말라 이는 방탕한 것이니 오직 성령으로 충만을 받으라

사도 바울은 육체적인 욕구에 끌려 낭비되는 삶(술취함)과 성령님의 통제를 받는 지혜로운 삶을 비교한다. 술을 너무 많이 마시면 당신의 태도와 행동은 술의 지배를 받을 것이다. 그러나 성령님께서 당신의 삶을 다스리신다면 성령님의 능력으로 살 것이다.

성령 충만을 설명하는 그림으로, 바다를 항해하는 돛단배를 생각해 볼 수 있다. 그리스도인으로서 하나님이 항상 임재하시는 삶은 잔잔한 바람이 계속 불어 오는 바다를 항해하는 요트와 같다.

돛단배는 바람의 방향에 따라 계속해서 전진한다. 바다에서 안전하게 항해하려면 바람에 배를 맡겨야한다. 마찬가지로 당신은 성령님이 이끄는 힘과 방향에 당신을 복종시키기로 선택해야 한다. 이러한 복종이 없이는 배는 향방 없이 바다를 떠돌게 될 것이다.

> 참고: 엡 5:18의 "충만하라" 는 단어를 헬라어 원어로 보면 미완료 시제다. 문자 그대로는 "계속해서 성령 충만을 유지하라" 는 뜻이다. 성령 충만은 일회적인 경험이 아니다. 그리스도인으로서 우리는 계속 성령 충만을 유지해야 한다.

성령 충만하라고 해서, 성령을 더 받아야 한다고 생각하면 안 된다. 성령님은 인격적인 하나님이시므로 컵에 물을 붓듯 더 채워지고 덜 채워지는 물체나 자원이 아니다. 예수님을 믿는 순간 당신 안에는 이미 성령님께서 살아 계신다(롬 8:9~11을 보라). 하지만 모든 신자들이 성령 충만, 즉 성령의 능력으로 사는 것은 아니다.

고전 2:14~3:3을 읽으라. 그리고 다음 세 종류의 사람들의 영적 조건을 살펴 보라.

고전 2:14~3:3 14 육에 속한 사람은 하나님의 성령의 일들을 받지 아니하나니 이는 그것들이 그에게는 어리석
게 보임이요, 또 그는 그것들을 알 수도 없나니 그러한 일은 영적으로 분별되기 때문이라 15 신령한 자는 모든 것
을 판단하나 자기는 아무에게도 판단을 받지 아니하느니라 16 누가 주의 마음을 알아서 주를 가르치겠느냐 그러
나 우리가 그리스도의 마음을 가졌느니라 3:1 형제들아 내가 신령한 자들을 대함과 같이 너희에게 말할 수 없어서
육신에 속한 자 곧 그리스도 안에서 어린 아이들을 대함과 같이 하노라 2 내가 너희를 젖으로 먹이고 밥으로 아니
하였노니 이는 너희가 감당하지 못하였음이거니와 지금도 못하리라 3 너희는 아직도 육신에 속한 자로다 너희 가
운데 시기와 분쟁이 있으니 어찌 육신에 속하여 사람을 따라 행함이 아니리요

육에 속한 사람 [자연인] (고전 2:14): ______________________

____

성령의 사람 [신령한 자] (고전 2:15~16): ______________________

____

세상적인 그리스도인 [육신에 속한 자] (고전 3:1~3): ______________________

____

어떤 원이 성령님께서 그들 안에 살고 계시지만 여전히 자신이 자신을 주관하는 사람들을 나타내는가?

어떤 원이 성령님께서 다스리시는 사람들을 나타내는가?

어떤 원이 예수님과 관계 없이 사는 사람을 나타내는가?

성령 충만이란 무슨 뜻인가? 위의 그림을 참고하여 성령 충만의 정의를 내려보라.

____

____

많은 그리스도인들이 성령 충만하지 못한 이유는?

– 성령 충만하는 방법을 알지 못하기 때문이다.
– 말씀에 순종하지 않기 때문이다.
– 예수님과 계속해서 친교를 누리지 않기 때문이다.
– 하나님을 신뢰하지 않기 때문이다.
– 하나님께 맡기지 않기 때문이다.

우리는 성령 충만이 감정의 문제가 아니라 믿음의 문제라는 사실을 기억해야만 한다. 우리가 성령 충만할 때, 하나님께서 가까이 계심을 강력하게 느낄 수도 있지만, 느끼지 못할 때도 있다. 우리 자신의 감정을 신뢰하는 대신 우리는 하나님의 약속들을 믿어야만 한다. – 빌리 그래함

어떤 사람들은 하나님께 삶의 통치권을 내어 드리면 하나님께서 자기들의 삶을 힘들게 하실 것이라고 생각한다. 하나님을 신뢰하는 자들을 위해 좋은 것들을 예비하고 계신다는 것을 이해하지 못한다.
어떻게 성령님의 임재와 능력을 경험할 수 있을까?

성령 충만을 위해 몇 가지 마음의 준비가 필요하다.

1. 하나님을 기쁘시게 하는 삶을 살기로 열망해야 한다(마 5:6).

2. 성령님께서 마음에 생각나게 하시는 어떤 죄든 고백해야 한다(요일 1:9).

3. 예수님께서 당신의 삶을 다스리시도록 기꺼이 복종해야 한다. 롬 12:1, 2를 읽으라.

   롬 12:1, 2 1 그러므로 형제들아 내가 하나님의 모든 자비하심으로 너희를 권하노니 너희 몸을 하나님이 기뻐하시는 거룩한 산 제물로 드리라 이는 너희가 드릴 영적 예배니라 2 너희는 이 세대를 본받지 말고 오직 마음을 새롭게 함으로 변화를 받아 하나님의 선하시고 기뻐하시고 온전하신 뜻이 무엇인지 분별하도록 하라

   '산제물'의 의미를 본문 속에서 찾아보라. 당신이 이렇게 산다면 매일 당신의 삶은 어떤 모습일까?

4. 믿음으로 성령 충만한 것을 신뢰해야 한다. 왜냐하면:
   하나님께서 당신에게 성령 충만하라고 명령하셨기 때문이다 (엡 5:18).
   하나님의 뜻에 따라 드리는 기도에 응답하시겠다고 약속하셨기 때문이다 (요일 5:14~15).

토의

당신이 순간순간 성령 충만하지 못한 이유는 무엇인가?

그리스도인의 삶의 정수는 하나님께서 우리 안에, 우리를 통해서 행하시는 것이지
우리가 하나님을 위해 무엇을 행하는 것이 아니다.

학 습

우리는 믿음으로만 성령님의 능력을 받을 수 있다. 다음 기도는 하나님께서 성령으로 충만하게 해 주실 것이라는 신뢰를 표현하는 한 방식이다.

사랑하는 하나님 아버지, 나는 주님이 필요합니다. 주니, 내가 나의 삶을 주관해 왔고 그 결과로 주님께 죄를 지었음을 고백합니다. 나를 대신하여 주 예수 그리스도를 십자가에 주게 하심으로 나의 죄를 용서해 주셨음을 감사합니다. 주님께서 내 삶의 왕좌를 취하여 주시기를 이제 다시 한번 기도합니다. 주님께서 성령 충만 받으라고 명령하시고, 믿음으로 구한 것은 주시겠다고 약속하신 말씀대로 내게 성령으로 충만하게 하옵소서. 주님의 성령으로 나를 충만하게 하시고 나를 다스리심을 감사하며, 예수님의 이름으로 기도합니다.

당신은 지금 이 기도를 드리기 원하는가?

그렇다면, 지금 잠시 시간을 내어 하나님께 이 기도를 드리라. 하나님께서 성령으로 충만하게 해 주실 줄 믿고 기도하라.

마치기 전에

어떻게 성령 충만을 유지할 수 있을까?

영혼의 호흡을 통해서 성령 충만을 계속 유지할 수 있다. 영혼의 호흡에는 내쉼과 들이쉼 두 가지가 있다.

내쉼 당신이 지은 죄를 깨닫게 해 주실 때 즉시 하나님께 고백하라.
그리고 하나님께서 당신의 죄를 용서하셨음을 감사하라 (요일 1:9).

들이쉼 당신의 삶을 예수님께서 다스리시도록 내어 드려라.
그리고 믿음으로 성령님께서 당신에게 힘을 부어주심을 신뢰하라.

마지막 적용

사도 바울은 초대 교회들에게 보낸 편지에서 성령의 능력을 받는 일을 강조했다. 지금 잠시 기도하라 (침묵으로 혹은 통성으로). 아래 나오는 에베소의 그리스도인들을 위해 드린 사도 바울의 기도 (엡 3:14~21)로 기도하라.

"이러하므로 내가 하늘과 땅에 있는 각 족속에게 이름을 주신 아버지 앞에 무릎을 꿇고 비노니 **그의 영광의 풍성함을 따라 그의 성령으로 말미암아 너희 속사람을 능력으로 강건하게 하시오며 믿음으로 말미암아 그리스도께서 너희 마음에 계시게 하시옵고** 너희가 사랑 가운데서 뿌리가 박히고 터가 굳어져서 능히 모든 성도와 함께 지식에 넘치는 그리스도의 사랑을 알고 그 너비와 길이와 높이와 깊이가 어떠함을 깨달아 하나님의 모든 충만하신 것으로 너희에게 충만하게 하시기를 구하노라 우리 가운데서 역사하시는 능력대로 우리가 구하거나 생각하는 모든 것에 더 넘치도록 능히 하실 이에게 교회 안에서와 그리스도 예수 안에서 영광이 대대로 영원무궁하기를 원하노라 아멘"

제5과

성령의 능력안에서 살기

LIFE BUILDERS

시작하기

핵심개념

중요한 영적 훈련의 원리들을 이해하고 삶에 적용하면 당신은 평생 하나님의 능력을 경험하게 될 것이다.

성구암송

갈 5:16을 암송하라.

내가 이르노니 너희는 성령을 따라 행하라 그리하면 육체의 욕심을 이루지 아니하리라

믿음의 원칙

믿음은 상황, 감정 혹은 문화적 가치와 관계 없이 성경을 진리로 믿고 살기로 선택하는 것이다.

고후 5:7	이는 우리가 **믿음**으로 행하고 보는 것으로 행하지 아니함이로라
히 11:6a	**믿음**이 없이는 하나님을 기쁘시게 하지 못하나니
갈 3:11b	의인은 **믿음**으로 살리라 하였음이니라
롬 14:23b	**믿음**을 따라 하지 아니하는 것은 다 죄니라

생각하기

인정이는 대학 4학년때 인생의 극적인 변화를 겪었다. 지난 3년 간은 놀러 다니느라 정신이 없었지만 이제 인정이는 예수님을 믿게 된 것이다. 그는 그리스도인인 친구의 도움을 받아 하나님과의 관계에서 자라기 시작했다. 힘든 일이 있을 때마다 술에 취해서 잊어버리려던 습관이 점차 사라져갔다. 대신 매일 성령 충만을 경험하게 되었다. 그는 이제 다른 사람들에게 예수 그리스도를 증거하고 그들이 믿음 안에서 성장하도록 도왔다.

인정이는 대학을 졸업한 후에 지역 판매회사의 대표가 되었다. 밖에서 지내는 일이 많아지면서, 그는 예수님을 믿기 전에 받았던 것 같은 유혹들을 받게 되었다. 전에는 하나님의 능력을 경험했었는데, 세상의 유혹이 너무나 강력할 뿐 아니라 이제는 더 이상 하나님의 능력이 자신 안에서 역사하지 않는 것처럼 느껴져서 당황스러웠다. 예수님의 제자로 열심히 살아가고 있는데, 세상의 유혹이 왜 이렇게 강력하게 다가오는 것일까? 그리스도인이 된 첫 해에 경험했던 그렇게 놀라운 하나님의 능력을 왜 더 이상 경험할 수 없는 것일까?

토의

인정이가 당신에게 와서 도움을 청한다면 어떻게 도와주겠는가?

아래 도표에 당신의 영적 성장의 흐름을 그려 보라.

토의

당신의 영적 성장 곡선에 기복이 있을 것이다. 이런 기복이 생기는 중요한 원인들은 무엇인가?

인정이처럼 당신도 일주일에 한번, 1개월, 반년 혹은 몇 년에 한번 정도 하나님의 놀라운 능력을 경험하고는 다시 패배를 거듭하는 경험이 있을 것이다. 영적 성장에서 기복이 있는 중요한 원인 중 하나는 평생 예수님을 따를 준비가 되어 있지 않기 때문이다.

마라톤 선수가 100미터 단거리 훈련만 받는 것과 마찬가지다. 이런 사람은 출발은 잘 하지만, 장기 훈련 프로그램을 받지 않아 이내 지쳐 떨어지게 된다.

사도 바울은 그리스도인의 삶을 경주에 비교했다 (고전 9:24~27). 그리스도인의 삶은 훈련과 인내가 필요하며 목표를 향해 끝임없이 달려가는 경주와 같다고 했다.
갈 5:16에서 사도 바울은 이렇게 말한다.

> "성령을 따라 행하라 그리하면 육체의 욕심을 이루지 아니하리라"

"성령을 따라 행하라"는 무슨 의미인가?

그리스도인이 오랫동안 하나님의 능력을 지속적으로 경험할 수 있는 방법은 무엇일까? 다음의 4가지 영적 훈련의 원리들은 당신이 평생 하나님의 능력을 경험하며 살 수 있도록 도와줄 것이다.

탐구

1. 성령님의 능력을 받아라

요 15:4, 5은 우리가 성령님의 능력을 받기 위해 알아야 할 중요한 원리를 제시한다. 그것은 무엇인가?

요 15:4, 5 내 안에 거하라 나도 너희 안에 거하리라 가지가 포도나무에 붙어 있지 아니하면 스스로 열매를 맺을 수 없음 같이 너희도 내 안에 있지 아니하면 그러하리라 나는 포도나무요 너희는 가지라 그가 내 안에, 내가 그 안에 거하면 사람이 열매를 많이 맺나니 나를 떠나서는 너희가 아무 것도 할 수 없음이라

엡 5:18에서 사도 바울은 성령 충만을 받으라고 명령한다. 불행히도, 많은 그리스도인들이 성령 충만을 지속적으로 체험하지 못하고 산다. 어떻게 하면 지속적으로 성령 충만을 받을 수 있을까?

> 나는 죄를 지었다고 깨닫는 즉시로 죄를 자백한다 – 오마르 서더랜드

당신이 지금 하나님과 동행하고 있으며 신실하게 주님을 섬기고 있다고 할지라도 당신의 삶에서 죄가 감지되는 즉시 그 죄를 자백하라. 영혼의 호흡을 기억하라.

내쉼 당신이 지은 죄를 깨닫게 해 주실 때 즉시 하나님께 고백하라.
그리고 하나님께서 당신의 죄를 용서하셨음을 감사하라 (요일 1:9).

들이쉼 당신의 삶을 예수님께서 다스리시도록 내어 드려라.
그리고 믿음으로 성령님께서 당신에게 힘을 부어주심을 신뢰하라.

토의

그리스도인들이 왜 감정적인 체험을 추구하고, 영성의 척도로서 감정을 의지할까?

2. 영적 전쟁을 대비하라

베트남전에 참전했던 베테랑 위생병이 이렇게 말했다. "많은 사람들이 전시라는 사실을 깜박 잊고 있다가 치명적인 상처를 입는다." 하나님께서 이미 이기신 사탄과의 전쟁이 남아 있음을 결코 무시하지 말라. 예수님께서는 십자가를 지시지 말라고 권하는 베드로에게 하나님의 일이 아니라 사람의 일을 추구한다고 책망하셨다. 예수님의 반응은 강했다. "사탄아, 내 뒤로 물러가라!" 예수님께서는 사탄의 공격이 사방에서 몰려 들어오는 것을 감지하셨다. 가장 사랑하는 제자들 속에도 침투하는 것을 아셨던 것이다.

영적 전쟁은 궁극적으로 하나님께서 책임지신다(대하 20:15). 전쟁의 최종 승패는 이미 정해졌다(계 20:11~21:4). 하지만 그리스도인은 여전히 영적 전쟁에 대비해야 한다. 예수님을 따라 사는 그리스도인의 삶을 방해하는 세 가지 영적인 공격이 있다.

세상

요일 2:15~17을 읽으라. 세상의 특징은 무엇인가?

요일 2:15~17 15 이 세상이나 세상에 있는 것들을 사랑하지 말라 누구든지 세상을 사랑하면 아버지의 사랑이 그 안에 있지 아니하니 16 이는 세상에 있는 모든 것이 육신의 정욕과 안목의 정욕과 이생의 자랑이니 다 아버지께로부터 온 것이 아니요 세상으로부터 온 것이라 17 이 세상도 그 정욕도 지나가되 오직 하나님의 뜻을 행하는 자는 영원히 거하느니라

토의

당신이 현재 받고 있는 세상의 유혹은 무엇인가?

육신

갈 5:17을 읽으라. 육신의 영적 전쟁이 세상의 전쟁과 다른 점은 무엇인가?

갈 5:17 육체의 소욕은 성령을 거스리고 성령은 육체를 거스리나니 이 둘이 서로 대적함으로 너희가 원하는 것을 하지 못하게 하려 함이니라

토의

육신의 유혹에는 무엇이 있는가?

마귀

벧전 5:8; 계 12:9, 10; 엡 6:11을 읽으라.

벧전 5:8 근신하라 깨어라 너희 대적 마귀가 우는 사자같이 두루 다니며 삼킬 자를 찾나니

계 12:9~10 큰 용이 내쫓기니 옛 뱀 곧 마귀라고도 하고 사단이라고도 하며 온 천하를 꾀는 자라 그가 땅으로 내쫓기니 그의 사자들도 그와 함께 내쫓기니라 내가 또 들으니 하늘에 큰 음성이 있어 이르되 이제 우리 하나님의 구원과 능력과 나라와 또 그의 그리스도의 권세가 나타났으니 우리 형제들을 참소하던 자 곧 우리 하나님 앞에서 밤낮 참소하던 자가 쫓겨났고

엡 6:11 마귀의 간계를 능히 대적하기 위하여 하나님의 전신갑주를 입으라

이 구절들에서 마귀를 어떻게 묘사하고 있는가?

토의

마귀가 당신을 유혹하고 삼켜 버리려는 특별한 전략은 무엇인가?

3. 하나님의 자녀로서 당신이 사용할 수 있는 자원들을 알라

당신이 예수님을 영접했을 때, 당신은 하나님의 자녀가 되었다(요 1:12). 이제 당신이 그리스도께 속했고, 그리스도의 이름으로 살게 되었기 때문에(그리스도인), 당신은 하나님의 무한한 자원을 사용할 수 있게 되었다.

다음 성경 구절에서 하나님께서 당신에게 주신 자원들을 찾아보라.

엡 1:3 찬송하리로다 하나님 곧 우리 주 예수 그리스도의 아버지께서 그리스도 안에서 하늘에 속한 모든 신령한 복을 우리에게 주시되

엡 1:17~19 우리 주 예수 그리스도의 하나님, 영광의 아버지께서 지혜와 계시의 영을 너희에게 주사 하나님을 알게 하시고 너희 마음의 눈을 밝히사 그의 부르심의 소망이 무엇이며 성도 안에서 그 기업의 영광의 풍성함이 무엇이며 그의 힘의 위력으로 역사하심을 따라 믿는 우리에게 베푸신 능력의 지극히 크심이 어떠한 것을 너희로 알게 하시기를 구하노라

엡 6:10~18 10 끝으로 너희가 주 안에서와 그 힘의 능력으로 강건하여지고 11 마귀의 간계를 능히 대적하기 위하여 하나님의 전신 갑주를 입으라 12 우리의 씨름은 혈과 육을 상대하는 것이 아니요 통치자들과 권세들과 이 어둠의 세상 주관자들과 하늘에 있는 악의 영들을 상대함이라 13 그러므로 하나님의 전신 갑주를 취하라 이는 악한 날에 너희가 능히 대적하고 모든 일을 행한 후에 서기 위함이라 14 그런즉 서서 진리로 너희 허리 띠를 띠고 의의 호심경을 붙이고 15 평안의 복음이 준비한 것으로 신을 신고 16 모든 것 위에 믿음의 방패를 가지고 이로써 능히 악한 자의 모든 불화살을 소멸하고 17 구원의 투구와 성령의 검 곧 하나님의 말씀을 가지라 18 모든 기도와 간구를 하되 항상 성령 안에서 기도하고 이를 위하여 깨어 구하기를 항상 힘쓰며 여러 성도를 위하여 구하라

하나님의 자녀로서 우리가 사용할 수 있는 자원들을 더 많이 알수록 하나님께서 우리 안에서 더 많이 역사하시게 된다. 하나님께서는 우리가 성령의 열매를 더 많이 맺고 하나님의 나라를 위하여 더 효과적인 사역을 감당하도록 도우신다.

4. 믿음으로 살라

믿음으로 산다는 것은 우리의 상황, 감정 혹은 문화적 가치와 관계 없이 하나님과 하나님의 말씀을 신뢰하는 것이다. 모든 것이 제대로 돌아가고 있을 때는 "하나님, 제가 믿습니다." 라고 말하는 것은 쉽다. 하지만 삶이 예전 같지 않을 때, 사랑하는 이가 아프거나 죽었을 때, 커다란 재정적 어려움을 당했을 때, 병에 걸렸을 때, 혹은 다른 사람들과의 관계에서 어려움을 겪을 때 "주님, 감사합니다." 라고 말하는 것은 어렵다. 당신의 삶에 스트레스가 꽉 차있을 때에도 하나님을 신뢰할 수 있는가?

이 문제에 관한 성경의 대답을 들어 보자.

롬 8:28 ____________________

살전 5:16~18 ____________________

벧전 5:6, 7 ____________________

믿음의 원칙을 당신의 삶에 적용하라.

롬 8:28; 벧전 5:6, 7을 묵상하면서, 아래 표를 완성하라.

나의 경험은 이렇게 말할 것이다	하나님은 이렇게 말씀하신다
	롬 8:28
	벧전 5:6, 7

복습 믿음은 상황, 감정 혹은 문화적 가치와 관계 없이 성경을 진리로 믿고 살기로 선택하는 것이다.

질문 당신이 롬 8:28; 벧전 5:6, 7을 진리로 믿고 살기로 선택한다면, 어떻게 살게 될까? 이 말씀의 진리가 당신의 태도, 행동 그리고 관계에 어떤 영향을 미치게 될까?

기도 지금 읽은 성경의 진리가 당신의 생각과 생활 방식에 더 큰 실제가 되게 해달라고 하나님께 기도하라.

> 당신의 감각과 상상은 믿음을 공격하려 한다. 신약 성경에 의하면 갈등은 믿음과 이성 사이에 문제가 아니라 믿음(보이지 않는 것)과 보이는 것의 문제이다. – C. S. 루이스

지금까지 배운 것처럼 우리는 변하는 것(상황, 감정, 문화적 가치)이 아니라 변치 않는 것(하나님과 하나님의 말씀)을 믿어야 한다.

오늘 당신의 삶

학 습

이 과에서 무엇을 배웠는가?

이 과에서 배운 네 가지 훈련 원칙 중 당신에게 가장 도움이 된 것은 어떤 것인가? 왜 그런가?

적 용

당신이 배운 내용을 적용하기 위해 구체적으로 무엇을 실천하겠는가?

다음과를 공부하려면

이 책의 뒤에 실린 부록 참고 자료 "성경은 믿을 만한가?"(79쪽) 를 읽으라.

제6과 성경을 믿을 수 있는가?

시작하기

핵심개념

이 과는 두 가지 질문에 대답한다.

1. 성경은 신뢰할 만하며 정확한가?

2. 성경은 하나님의 말씀인가?

성구암송

딤후 3:16, 17을 암송하라.

> 모든 성경은 하나님의 감동으로 된 것으로 교훈과 책망과 바르게 함과 의로 교육하기에 유익하니 이는 하나님의 사람으로 온전하게 하며 모든 선한 일을 행할 능력을 갖추게 하려 함이라

생각하기

찬양이가 점심 시간에 자기 책상에서 성경을 읽고 있었다. 부정이가 지나가다가 찬양이가 성경 읽는 것을 보았다.

"지금 성경읽고 있어요?"

"네."

찬양이가 쑥스러운 듯이 대답한다.

부정이가 묻는다.

"성경에 있는 말들을 다 믿어요? 나는 이해도 안 가고 못 믿겠던데요!".

토의

당신이 찬양이라면, 어떻게 대답하겠는가?

탐구

제1부 : 성경은 신뢰할 만하고 정확한가?

수 세기에 걸쳐 성경의 정확성에 대해 질문이 제기되어 왔다.

"성경이 신화적 이야기가 아니란 걸 어떻게 알 수 있을까?"

"지금 내 손에 들고 있는 성경이 오래 전에 기록된 원본 성경과 똑같다는 걸 어떻게 알 수 있지?"

이 책의 부록 "성경은 믿을 만한가?" (79쪽)는 이런 질문 외에도 수많은 다른 질문들을 다뤘다. 책의 부록을 읽으라.

토의

성경은 믿을 만하며 정확하다는 진술에 대해 당신은 어떻게 생각하는가?

그렇다 — 그러길 바란다 — 모르겠다 — 의심스럽다

제2부 : 성경은 하나님의 말씀인가?

성경은 하나님의 영감으로 기록되었다

> 모든 성경은 하나님의 감동으로 된 것으로 교훈과 책망과 바르게 함과 의로 교육하기에 유익하니 (딤후 3:16)

바람이 불어 돛단배가 특정한 방향으로 항해하도록 이끄는 것처럼, 성경을 기록할 때 하나님의 성령께서 성경 기자를 감동케 하셨다. 하지만 성경 기자들이 그저 받아 적기만 한 것은 아니다. 성경 말씀은 성경 기자들 개인의 성품, 훈련, 배경 등을 반영하고 있다. 그럼에도 불구하고, 성경 말씀은 하나님께서 의도하셨던 대로 오류없이 기록되었다. 이것이 '성경이 하나님의 영감으로 기록되었다'는 말의 정의이다.

성경의 저자들은 성경이 하나님의 말씀이라고 선포한다

구약 성경의 기자들은 3,800번 이상 "여호와께서 말씀 하시기를…" 이라는 문구를 사용했다. 뿐만 아니라 성경 기자들은 자기들이 하나님의 말씀을 기록하고 있다고 반복해서 말했다.

예수님께서는 구약 성경의 신뢰성과 신적 권위를 인정하셨다. 신약 성경도 구약 성경과 같은 수준의 신적 권위를 선포한다.

다음 성경 구절은 성경이 하나님의 말씀임을 어떻게 가르쳐 주고 있는가?

벧후 1:20~21을 읽으라.

벧후 1:20~21 먼저 알 것은 성경의 모든 예언은 사사로이 풀 것이 아니니 예언은 언제든지 사람의 뜻으로 낸 것이 아니요 오직 성령의 감동하심을 받은 사람들이 하나님께 받아 말한 것임이라

마 5:18을 읽으라.

마 5:18 진실로 너희에게 이르노니 천지가 없어지기 전에는 율법의 일점 일획도 결코 없어지지 아니하고 다 이루리라

하나님의 말씀은 영원히 진리이다

성경의 독특한 진리 주장에 관한 진술이 성경 안에 매우 많이 들어 있다.

하나님의 말씀은 완전하다

시 19:7 "여호와의 율법은 완전하여 영혼을 소성시키며 여호와의 증거는 확실하여 우둔한 자를 지혜롭게 하며"

하나님의 말씀은 참되며 영원하다

시 119:160 "주의 말씀의 강령은 진리이오니 주의 의로운 모든 규례들은 영원하리이다"

예수님과 성경 기자들은 분명하게 성경이 하나님의 말씀이라고 선포한다. 성경이 하나님의 영감으로 기록되었다는 선포는 자기 판단대로 주장하는 것이 아니다. 성경이 분명하게 "이는 하나님의 영감으로 기록된 하나님의 말씀이다" 라고 진술하고 있으므로, 이 진술은 참이거나 거짓이거나 둘 중 하나이다.

생각해 보자 (Thinking it Through)

성경은 하나님의 말씀이라는 선포에 대해 당신은 어떻게 생각하는가?

□ 그렇다 □ 그러길 바란다 □ 모르겠다 □ 의심스럽다

이 문제에 대해 다른 질문이 있는가?

믿음의 원칙을 하나님의 말씀에 관한 당신의 시각에 적용하라

성경이 하나님의 영감으로 기록되었다고 말하는 딤후 3:16, 17과 시 19:7을 묵상하면서, 아래 표를 완성하라.

나의 경험은 이렇게 말할 것이다	하나님은 이렇게 말씀하신다
	딤후 3:16, 17
	시 19:7

복습 믿음은 상황, 감정 혹은 문화적 가치와 관계 없이 성경을 진리로 믿고 살기로 선택하는 것이다.

질문 당신이 딤후 3:16, 17과 시 19:7을 진리로 믿고 살기로 선택한다면, 어떻게 살게 될까? 이 말씀의 진리가 성경의 영감에 관한 당신의 시각에 어떠한 영향을 미칠까?

기도 하나님께서 당신의 다른 질문에 대해 대답해 주시기를 기도하라. 성경이 하나님의 말씀이라는 확신이 더 커지게 해 달라고 기도하라.

성경은 나의 삶에 어떠한 역할을 하는가?

아래 도표에 있는 성경 구절을 읽으라. 성경의 역할을 당신의 말로 적어 보라.

롬 10:17 그러므로 믿음은 들음에서 나며 들음은 그리스도의 말씀으로 말미암았느니라

요 5:39b 이 성경이 곧 내게 대하여 증언하는 것이니라

행 20:32 지금 내가 여러분을 주와 및 그 은혜의 말씀에 부탁하노니 그 말씀이 여러분을 능히 든든히 세우사 거룩하게 하심을 입은 모든 자 가운데 기업이 있게 하시리라

시 119:105 주의 말씀은 내 발에 등이요 내 길에 빛이니이다

성경 구절	내 삶에서 성경의 역할
롬 10:17	
요 5:39b	
행 20:32	
시 119:105	

성경의 중요한 역할 중 하나는 그리스도인의 삶을 온전하게 세우는 것이다. 딤후 3:16, 17을 읽으라.

> 모든 성경은 하나님의 감동으로 된 것으로 교훈과 책망과 바르게 함과 의로 교육하기에 유익하니 이는 하나님의 사람으로 온전하게 하며 모든 선한 일을 행할 능력을 갖추게 하려 함이라 (딤후 3:16, 17)

성경은 네 가지 역할을 통해서 우리를 온전하게 세우신다.

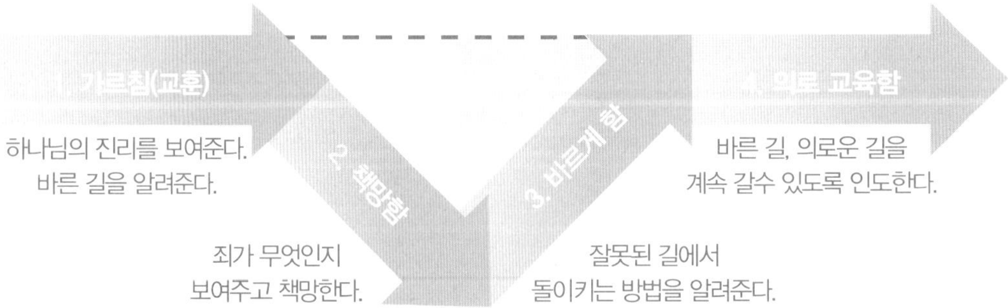

토의

이 그림의 네 가지 역할에서 당신의 삶에 지금 필요한 것은 어떤 것인가? 왜 그런가?

우리가 어떻게 성경을 더 신뢰할 수 있을까?

지금까지 성경은 하나님의 영감으로 기록된 것으로 우리에게 주시는 말씀이며, 실제적이고 신뢰할만하다는것을 배웠다. 그럼에도 불구하고, 우리가 사는 세상에는 성경 외에 자기에게 복종하라고 요구하는 수많은 목소리들이 있다. 문화적 규범, 동료 집단, 우리의 과거, 개인의 취향, 가족, 언론 매체, 감성, 권위 등등 너무나 많다. 성경이 진실로 우리를 지으신 하나님께서 우리에게 들려주시는 말씀이라면, 성경이야말로 우리 삶에 가장 궁극적인 권위의 원천이 되어야만 한다.

그렇다면 우리는 어떻게 해야 할까?

1. 하나님의 말씀을 최우선에 두라.

다음에 나오는 성경 인물들은 하나님 말씀의 가치를 어떻게 생각했는가?

(1) 모세

신 32:44~47 모세와 눈의 아들 호세아가 와서 이 노래의 모든 말씀을 백성에게 말하여 들리니라 모세가 이 모든 말씀을 온 이스라엘에게 말하기를 마치고 그들에게 이르되 내가 오늘 너희에게 증언한 모든 말을 너희의 마음에 두고 너희의 자녀에게 명령하여 이 율법의 모든 말씀을 지켜 행하게 하라 이는 너희에게 헛된 일이 아니라 너희의 생명이니 이 일로 말미암아 너희가 요단을 건너가 차지할 그 땅에서 너희의 날이 장구하리라

(2) 다윗

시 19:9~11 여호와를 경외하는 도는 정결하여 영원까지 이르고 여호와의 법도 진실하여 다 의로우니 금 곧 많은 순금보다 더 사모할 것이며 꿀과 송이꿀보다 더 달도다 또 주의 종이 이것으로 경고를 받고 이것을 지킴으로 상이 크니이다

성경 읽기에 대해 생각하면 나는 이렇게 느낀다:

____ 이걸 다 읽어?	____ 와우! 읽고 싶어!	____ 두렵다	____ 지겹다	____ 멍하다
____ 읽기 싫다	____ 읽고 싶다	____ 언제든 읽겠다	____ 나중에 읽지	____ 기타

2. 하나님의 말씀에 순종하라

다음 성경 구절을 읽고 하나님의 말씀에 순종한 결과와 불순종한 결과를 각각 써라.

	눅 6:46~49	시 1:1~6
하나님의 말씀에 순종한 결과는 무엇인가?		
하나님의 말씀에 불순종한 결과는 무엇인가?		

3. 하나님의 말씀을 읽으라

그리스도인에게 있어서 하나님과의 관계가 더 깊어지지 않는 한 가지 이유는 말씀을 읽지 않기 때문이다. 이는 마치 그가 하는 말을 들을 생각도 하지 않으면서 그를 알고 싶어하는 것과 같다.

성경 읽기는 그리스도인으로서 마땅히 해야 할 의무 이상의 의미를 지닌다. 우리를 창조하신 하나님, 우리를 조건 없이 사랑하시고 우리를 위해 가장 좋은 것을 예비하시는 하나님을 더 잘 알려면 성경을 읽어야 한다. 이 과의 "마치기 전에"를 보면, 지속적으로 성경 읽기를 위한 구체적인 방법이 소개되어 있다.

오늘 당신의 삶

학습

이 과에서 무엇을 배웠는가?

적용

믿음은 상황, 감정 혹은 문화적 가치와 관계 없이 성경을 진리로 믿고 살기로 선택하는 것이다. 당신은 배운 내용을 근거로 무엇을 구체적으로 실천하겠는가?

마치기 전에

어떻게 성경 읽기를 시작할까?

몇 가지 생각을 소개한다

1. 매일 일정한 시간을 떼어 하나님과 교제하는 시간을 가지라. 하루에 5~10분도 괜찮다.

2. 최대한 방해 받지 않을 수 있는 시간과 장소를 찾으라.

3. 성경을 읽기 전에 하나님께서 당신 마음의 눈을 열어 말씀을 깨닫게 해 주시도록 기도하라.

4. 복음서는 예수님의 삶에 초점을 맞춘 책이다. 복음서 중 하나로부터 시작하라. 마태, 마가, 누가, 요한 복음 중 하나로부터 시작하라. 처음에는 하루에 한 장 혹은 두 장 정도 읽기 시작하라.

5. 성경 구절을 주의 깊게 읽고 다음과 같은 질문을 생각해 보라.

   무엇을 가르치고 있는가?
   하나님에 대해서는 무엇을 가르치는가?
   하나님과 나, 다른 사람과 나의 관계에 대하여 무엇을 말하는가?
   이 구절에서 얻을 수 있는 삶의 원칙은 무엇인가?
   오늘 나의 삶에 적용할 것은 무엇인가?

6. 깨달은 내용을 묵상 노트에 기록하라.

7. 몇 분간 다음 내용에 관해 하나님과 대화하라.

   읽은 말씀 내용에 관해.
   오늘 당신이 해결해야 할 문제나 염려 등에 관해.
   당신의 친구 혹은 가족의 필요에 관해.
   아직 예수님을 알지 못하는 사람에 관해.

8. 성경을 규칙적으로 읽기 위해 '풍성한 삶' 을 권한다. 자세한 내용은 순장에게 물어보라.

마치기 전에

규칙적인 성경 읽기를 위한 나의 행동 계획

하루 중 언제: ______________________________

장소: ______________________________

읽기 시작할 책: ______________________________

당신이 세운 성경 읽기 행동 계획을 준수해라

무엇을 배웠는가?

가장 이해하기 쉬웠던 성경 말씀은?

이해하기 어려웠던 성경 말씀은?

성경 읽기 계획을 수정해야 한다면 어떻게 할 것인가?

마침

기초 쌓기

축하한다!

당신은 「기초 쌓기」 공부를 다 마쳤다. 이 책으로 공부하던 첫 시간에, 당신의 순장(양육자)과 함께 이 훈련의 기대와 목적에 대해 이야기를 나눴을 것이다. 잠깐 시간을 내어 그 부분을 검토해 보라.

학습목표

당신이 하나님과 다른 사람들과 누리는 친밀함은 하나님의 말씀에서 배운 관계의 원칙들을 적용할 때 깊어질 것이다. 아래 진술 중에서 당신이 학습 목표를 얼마나 이해하고 적용했는지를 나타내는 것은?

____ 학습 목표의 이해와 적용에 눈에 띄는 발전이 있었다.
____ 학습 목표의 이해와 적용에 어느 정도 발전이 있었다.
____ 학습 목표를 잘 이해했지만 나의 삶과 관계에 적용하기는 어렵다.
____ 학습 목표에 대해 아직 이해하지 못했다. 혼란스럽다.
____ 이 책을 공부하기 전에 이미 학습 목표에 대해 익숙하게 알고 있었다.
____ 기타 ____________________

토의

라이프 빌더스 : 「 기초 쌓기 」 에서 당신에게 가장 큰 영향을 미친 원칙은 무엇인가? 왜 그런가?

적용단계

성경 읽는 습관을 개발하자. 아래 진술 중에서 당신에게 해당되는 것에 표시하라.

____ 라이프 빌더스 : 「기초 쌓기 」를 공부를 하는 동안, 정기적으로 성경 읽기를 하게 되었다.
____ 나는 일주일에 ____ 1~2일 ____ 3~5일 ____ 6~7일 성경을 읽는다.
____ 이 공부를 하기 전에 이미 규칙적으로 성경을 읽고 있었다.
____ 기타 ____________________

기 대

당신이 라이프 빌더스 : 「 기초 쌓기 」 공부를 시작할 때, 다음 기대들에 동의했다.

1. 순장(양육자)을 정기적으로 만나 이 책의 각 과를 훈련 받는다.
2. 훈련 과정에서 배운 것을 전해 줄 누군가를 찾는다.

각 기대 사항에 대하여 어느 정도 발전이 있었는지 평가해 보라

가장 잘 한 것은?

어떤 영역이 좀 더 어려웠는가?

질문이나 의견이 있는가?

다음은 무엇일까?

다음에 배울 책의 제목은 「**친밀함**」 이다.

부록

참고 자료

성경은 믿을만한가?

성경은 "가장 위대한 책" 이라고 불린다.

어떤 왕들이나 지배자들은 불같이 분노하며 성경을 없애 버리려 했다. 남자, 여자, 아이들을 막론하고 성경을 믿는다는 이유로 죽임을 당하곤 했다. 학자들은 성경의 내용을 증명하기 위해 혹은 반대하기 위해 자기 일생을 바쳐 연구했다. 성경은 하나님의 말씀이며, 절대 진리를 담고 있는 책이라고 주장한다. 성경이 절대적인 진리를 선포하고 있다면, 우리는 이런 질문을 해야만 한다. "성경은 믿을 만한가? 성경은 어디에서 왔는가? 성경에 기록된 사건들은 실제 발생한 것들인가? 나는 성경을 믿을 수 있는가?"

이런 질문들에 대답하기 위해서 성경의 독특성, 준비 과정, 역사를 통한 확증, 고고학 그리고 예언에 대하여 검토해 보아야 한다. 이 글에서는 성경의 신뢰성에 관하여 오랜 세월에 걸쳐서 수백만 종류의 성경이 출판되고 읽혀져 오는 이유를 설명할 것이다.

I. 성경의 독특함

성경의 신뢰성에 관한 연구는 성경의 독특함에서 시작된다. 웹스터 사전은 독특함이란 "다른 모든 것들과 다른, 전혀 비슷하거나 같지 않은"이라고 정의한다. 인간이 기록한 어떤 문서와도 다른 성경의 독특성을 보여주는 것은 무엇보다 지속성에서 찾아야 한다. 성경은 처음 출판된 이후로 지금까지 계속 출판 및 배포되고 있으며, 끊임 없이 읽혀지고 있다.

A. 성경의 지속성

성경의 독특성을 생각할 때 첫 번째 영역은 지속성이다. 성경의 통일성을 보면 참으로 놀랍다. 각각 다른 저자들이 기록한 글이 한 권의 성경으로 유지된다는 사실이다. 기독교 신앙에 관한 역사적 사건들을 기록하고 강연하는 조쉬 맥도웰은 성경의 지속성에 관해 여덟 가지 특징을 서술했다.

1. 1,600년 이상의 기간 동안 기록되었다.
2. 40명 이상의 서로 다른 계층의 사람들 – 왕, 농부, 철학자, 어부 등 – 에 의해 기록되었다.
3. 서로 다른 장소 – 광야, 편안한 집, 감옥 등 – 에서 기록되었다.
4. 서로 다른 시기 – 전시, 평화 시기 등에 기록되었다.
5. 성경 기록자의 서로 다른 분위기 – 아주 기쁜 때부터 깊은 슬픔의 시기에 기록되었다.
6. 세 개의 대륙 – 아시아, 아프리카, 유럽에서 기록되었다.
7. 세 개의 언어 – 히브리어, 아람어, 헬라어로 기록되었다.
8. 논란이 되고 있는 수 많은 문제들에 대해 기록되었다. [1]

이러한 다양성에도 불구하고, 성경의 통일성이 유지되는 까닭은 모든 성경의 저자들이 오직 한 가지 주제에 집중하기 때문이다. "하나님께서 인간을 구원하셨다"[2] 는 것이다.

F. F. 부르스(Bruce)라는 맨체스터 대학 성경 비평학 주임 교수는 성경의 지속성을 다음과 같이 정리했다.

성경의 각 책을 보면 매우 다양한 문학 장르가 망라되어 있다. 역사, 법률, 종교적 시, 변증적 논법, 시가적 시, 비유, 풍유, 고서, 개인사, 개인의 기록과 일기에 이르기까지 다양한 문학 장르들이 있다… 하지만 성경은 단지 다양한 종류의 문학 장르가 포함된 선집이 아니다. 성경의 모든 책들을 하나로 묶는 통일성이 존재한다. 선집은 편집하는 한 사람이 있게 마련인데, 성경은 누구도 편집하거나 묶지 않았다.[3]

B. 성경의 배포

성경의 독특성에서 두 번째로 생각해 볼 것은 성경의 배포이다. 성경처럼 다양한 언어로, 다양한 지역에, 다양한 사람들에게 배포된 책은 없을 것이다.[4] 1993년 말 세계성서공회연합회의 조사 결과 262개 언어에서 성경 66권중 적어도 한 권을 번역한 것으로 알려졌다.

캠브리지 성서 역사 보고서는 "성경만큼 지속적으로 출판 및 배포되는 책은 없다"[5] 고 기록한다. 물론 세계적으로 널리 배포된다고 해서 그것이 하나님의 말씀이라는 보장이 된다는 말은 아니다. 하지만 성경의 꾸준한 배포는 성경의 독특성을 알려주는 중요한 요소다.

C. 성경의 존속성

성경의 독특성을 보여주는 세 번째 요소는 성경이 지금까지 남아 있다는 사실이다. 인쇄기가 발명되기도 전에, 파피루스나 양피지에 기록한 책이 지금까지 배포되고 읽혀진다는 사실이다. 수백년에 걸쳐서 성경은 손으로 베껴 써서 전달되었다. 손으로 베껴 썼다고 해서 성경의 무오성이나 내용의 진리가 사라진 것이 아니다. 고전 문학의 어떤 책보다도 성경의 필사본은 성경의 내용이 참이라는 것을 입증한다.

트리니티 신학교에서 교회사 주임 교수를 지낸 존 워윅 몽고메리(Montgomery)는 이렇게 말한다.

신약 성경의 사본에 대해 내용이 의심스럽다고 한다면, 고대의 모든 문헌들을 애매모호하다고 말해야 한다. 고대의 어떤 문서도 신약 성경만큼 고서 검증의 결과가 정확한 문서가 없기 때문이다.[6] 구약 성경 사본의 정확성은 유대인들의 보존 체계 덕분이다.

버나드 램(Bernard Ramm)은 이렇게 말한다.

유대인들은 성경 사본을 아주 특별한 방법으로 보존했다. 마소라 [숫자를 세는 방식]와 함께, 모든 글자, 음절, 단어, 구문마다 탭을 두었다. 유대인 사회에는 성경 사본을 보존 및 전달하는 일만 전담하는 특별한 계층의 사람들이 있었다. 아주 구체적이고 정확하고 신실하게 성경 사본을 간수했다… 플라톤이나 아리스토텔레스의 문서에서 글자수, 음절 수, 단어 수를 세는 사람이 있는가? 시세로나 세네칼의 글에서도 마찬가지다. [7]

성경 보존에 있어서 기후 등 자연적인 조건이 문제가 되는 것 뿐 아니라, 성경 내용에 대한 비판이나 핍박 또한 문제가 된다. 「 세상에서 가장 위대한 책 」의 저자 존 W. 리는 H. L. 해스팅스의 설명을 인용하면서 다음과 같이 말했다.

무신론자들은 성경을 없애 버리려고 애를 썼다. 그러나 성경은 아직도 든든한 바위처럼 굳건하게 살아있다. 성경은 갈수록 더 많이 배포되고 있으며, 더 많은 사람들이 성경을 가지고 싶어하고, 읽고 싶어한다…. 무신론자들은 수 세기 동안 성경을 망치로 두드려 없애 버리려 했지만, 망치는 무뎌졌는데 성경은 살아 있다. 이 책이 하나님의 책이 아니라면, 인간이 이미 오래 전에 없애 버렸을 것이다. 황제와 교황들, 왕과 제사장들, 왕자와 통치자들은 성경을 없애기 위해 여러가지 시도를 했지만, 그들은 죽었고, 성경은 아직도 살아 있다.

II. 성경 번역

성경의 신뢰성은 독특성으로만 설명될 수 있는 것이 아니다. 성경 번역의 방법론 역시 매우 중요한 신뢰성의 요소가 된다. 앞에서도 간략하게 설명한 것처럼, 성경은 수 세기에 걸쳐 다양한 사람들에 의해 쓰여졌다. 성경은 히브리어(구약 성경의 대부분), 아람어(에스라, 다니엘, 예레미야의 일부), 그리고 헬라어(신약 성경 전체)로 기록되었다.[9]

성경은 세상에서 가장 많은 언어로 번역되어 왔다. 그렇기 때문에 어떤 학자들은 성경의 정확성에 의문을 제기한다. 그들은 “성경이 그렇게 많은 언어로 번역되었다면, 어떻게 신뢰할 만한가?” 이러한 질문에 대한 대답은 번역 과정에서 찾을 수 있다. 성경은 수 많은 언어로 번역되었는데, 모든 번역은 원어 성경을 직접 번역했거나 그렇지 않으면 한 단계 걸쳐서 번역된 것이다.

성경은 기록되고 얼마 지나지 않아서 다른 언어로 번역되었다. 구약 성경은 BC 3세기경에 헬라어로 번역되었다. AD 383~400년 경, 로마 주교의 서기관 제롬경은 성경을 라틴어로 번역한다. [10] 1382년에 존 위클리프는 성경을 라틴어에서 영어로 번역한다. 많은 사람들이 자기의 언어로 성경을 읽을 수 있게 되었다. 문예 부흥기에는 고전에 대한 관심이 다시 고조되었으며, 원어 성경을 읽고 연구하려는 열풍이 불었다. [11] 윌리엄 틴데일은 히브리어와 헬라어를 연구하여 고대 헬라어 문서에서 영어로 직접 성경을 번역했다.[12] 다양한 영어 번역본들이 있지만, 아마도 가장 위대한 영어 번역본이라면 1604년 영국의 킹 제임스 번역본일 것이다. 킹 제임스 영어 번역본 성경은 1611년에 출판되었다.[13]

성경 번역은 구약과 신약성경의 가장 오래된 사본들을 조심스럽게 참조하여 이루어졌다. 15세기 히브리어 헬라어 연구 열풍이 분 이후로, 학자들은 고대 문서를 직접 연구하고 사용할 수 있게 되었다. 그러므로 요즘 사용하는 번역본들은 이전 번역본을 근거로 번역된 것이다. 우리가 지금 사용하는 성경 번역본들은 고대 문서를 정확하게 연구하고 이전 번역본들을 참고하여 번역된, 신뢰할 만한 것임을 확신할 수 있다.

또 한가지 일어날 수 있는 질문은 "현대에는 왜 이렇게 다양한 성경 역본들이 있고, 어떤 경우에는 다 각각 다른 것처럼 여겨지는가?" 위클리프는 당시 가장 널리 쓰이는 말로 성경을 번역하고 싶은 소망으로 성경을 번역했다. 현대에 번역 출판되는 성경들 또한 이와 같은 의도와 동기를 가졌다고 할 수 있다.

영어 성경의 경우, 1960년대 이후 출판된 성경 역본들과 현대 성경을 조심스럽게 비교해 보면, 단어 선택에 있어서 미묘한 차이를 발견할 수 있다. 초기의 킹 제임스 영어 번역본과 비교해 보면 더 많은 차이가 나타난다. 현대판 성경 번역본들이 서로 다른 이유 또한, 번역자가 "단어 대 단어"로 번역 했느냐 "문장 대 문장"으로 번역했느냐에 따라 제법 달라질 수 있다. 의미는 항상 같지만, 단어 선택은 다양할 수 있다.

III. 역사를 통한 성경의 확증

A. 고서 검증법

성경의 신뢰성을 검증하고 확증하는 방법은 역사적인 검토이다. 조쉬 맥도웰은 어떤 성경 번역본이든 성경의 신뢰성을 검증하기 위해서는 동일한 기준으로 검토되어야 한다고 주장했다. 성경 번역본의 신뢰성을 검증하기 위한 방법으로는 고서 검증법, 내적 증거 및 외적 증거 검증법이 있다.

1. 신약 성경의 고서 검증법

맥도웰은 고서 검증법을 "성경 문서가 우리 손에 들어오기까지 문서의 이전 과정을 검토하는 방법" 이라고 정의했다. 고서 검증법은 사본의 수를 센 후에, 원본과 현재 문서 사이의 시간 간격을 검토한다.

사본을 통한 신약 성경의 검증 결과는 놀라웠다. 헬라어 신약 성경에서 사본의 숫자는 5,000개에 이르며, 다른 언어로 번역된 성경에서는 적어도 15,000개의 사본이 있었다. 다른 어떤 고대 문서도 이렇게 많은 사본을 가진 책은 없다. 또한, 신약 성경이 처음 기록된 연대와 가장 오래 된 사본의 기록 연대 사이의 시간 간격 또한 다른 어떤 고대 문서보다 짧았다.

대영 박물관 관장을 지낸 프레데릭 G. 케년경은 사본 검증으로 나타난 증거를 이렇게 기록했다.

신약 성경의 원본과 현존하는 가장 최초의 사본과의 간격이 너무 짧아 그 거리는 무시해도 좋을 만하다. 또한 성경이 전달되어 오면서 내용이 변경되었을 것이라는 이렇다할 근거를 찾아볼 수 없었다. 신약 성경의 정통성과 일반적인 통일성은 최종적으로 확립되었다고 볼 수 있다.[14]

2. 구약 성경의 고서 검증법

구약 성경의 고서 검증은 보다 복잡하다. 신약과 구약 사이의 시간 간격이 매우 큰 데다가, 구약 성경의 사본 수는 신약에 비해 적다. 신약 성경에 비해 사본의 수가 적은데도 불구하고, 구약 성경 문서의 정확성은 1947년 발견된 사해 사본에 의해 검증되었다. 사해 사본은 거의 4만개에 가까운 단편 조각으로 구성되어 있었다. 이로 인해 500개가 넘는 책들이 재구성되었다. 사해 사본은 구약 성경의 사본이 그리스도 탄생 이전의 것임을 증거하는 확실한 자료가 되었다.

트리니티 신학교의 구약학 주임 교수였던 글리슨 아처는 이사야 사본에 대하여 다음과 같이 말한다.

"… 문서를 비교한 결과 95% 이상이 단어 대 단어로 정확하다는 것을 발견했다. 5%의 차이는 분명히 필사가의 손에서 펜이 미끌어져서 생긴 것이거나, 철자를 사용하는 방법이 달랐기 때문이다."[16]

창조학회 회장인 헨리 모리스박사는 이렇게 결론 짓는다.

"현재 사용하고 있는 구약 성경에 대해 의심할 여지는 없다…. 구약 성경의 가장 마지막 책의 문서를 보아도 그리스도 탄생 이전의 책이라고 결론 지을 수 있다."[17]

B. 내적 증거 검증법

성경의 역사적 정확성을 검증하는 두 번째 방법은 내적 증거 검증법이다. 이 검증법은 성경 저자의 자질이나 성경 진리를 증언한 자의 자질을 분석해서 기록된 문서가 믿을 만한가를 결정하는 방법이다. 신약 성경은 예수님께서 행하신 사건을 직접 목격하고 가르침을 직접 들은 사람들의 증언이거나, 이들 증인들에 직접 연관된 저자들에 의해 기록되었다. 성경 전체에 걸쳐서 저자들은 자신이 듣고 본 것을 기록하고 있다. 저자와 동시대의 사람들도 예수님의 생애를 눈으로 목격한 사람들이다. 만일 이들의 증언이 성경 저자의 증언과 상치된다면, 해당 문서의 정확성에 대해 의심했을 것이다.

F. F. 브루스는 이렇게 설명한다.

> "제자들이 내용을 왜곡했으리라고 (다시 말해서 의도적으로 내용을 조작했으리라고) 추정할 수 없다. 왜냐하면 제자들은 진리를 발견하고 오직 기뻐했기 때문이다." [18]

신약 성경의 신뢰성에 대한 또 다른 증거는, 저자들이 자신들의 부정적인 면을 노출했다는 것이다. 예를 들어서 예수님이 체포될 당시 제자들은 선생을 떠나 숨어 버렸다거나, 하나님 나라가 임할 때 자기들의 지위를 놓고 다퉜다든가, 베드로가 그리스도를 부인했다는 사실 등이다. [19] 이런 사실들을 보면, 신약 성경의 저자들이 그리스도를 묘사한 내용을 신뢰할 수 있다.

C. 외적 증거 검증법

외적 증거 검증법이란 문서의 신뢰성을 검증하기 위해 역사가들의 의견을 종합하는 방법이다. 검증하고 있는 문서에 기록된 정보를 다른 역사적 문서들도 포함하고 있는가 찾아보는 방법이다. 이러한 검증법의 한 예로, 사도 요한(신약 성경의 책 다섯 권을 기록한)의 친구의 증언을 생각해 볼 수 있다. AD 180년 리옹의 주교였던 이레니우스는 요한의 제자였다. 그는 이렇게 말한다.

> 마태는 히브리인들 사이에서… 그들의 언어로… 복음서를 출판했다. 당시 베드로와 바울은 로마에서 복음을 전하며 교회를 세웠다. 그들이 떠난 후에, …베드로의 제자이자 해석자인 마가는 직접 베드로의 설교를 기록해서 후대에 전했다. 바울의 추종자인 누가는 그의 스승이 설교한 내용을 책으로 묶어 냈다. 그 다음 요한… 그는 자신의 손으로 직접 복음서를 기록했다. 그가 아시아의 에베소에 살 동안에 한 일이다. [20]

동시대인들의 증언과 함께, 고고학적 증거 또한 성경의 신뢰성을 검증할 수 있는 중요한 자료가 된다. (고고학적 증거는 다음 장에서 다룰 것이다). 고고학자 조셉 프리는 이렇게 보고한다.

> "고고학 연구 결과, 성경이 비역사적이라는 주장들이 전혀 근거가 없는 것이라는 증거가 너무나 많다." [21]

클라크 피녹 박사는 성경의 신뢰성에 대해 이렇게 진술한다.

> 고대 문서들 중에 이와 같이 문서적으로나 역사적으로 탁월한 증거들을 가지고 있으며, 역사적인 자료들을 배열하는 방식에 있어서도 매우 중요한 증거들을 제공하는 책은 성경 외에 없다. 정직한 학자라면 이런 종류의 자료를 무시하고 넘어갈 수 없을 것이다. 기독교의 역사성을 의심하는 회의론자들은 초자연을 인정하지 않는 비합리적 근거(반-초자연성)을 가지고 있다. [22]

IV. 성경의 고고학적 증거

고고학은 성경의 신뢰성을 탐구하는 네 번째 길을 열어 준다. 고고학은 성경 자료의 확실성을 검증할 뿐 아니라 성경 메시지의 배경도 제공한다.

A. 구약 성경의 기록

고대 근동 고고학자 중 가장 위대한 학자라 할 수 있는 윌리엄 F. 올브라이트 박사는 이렇게 말했다.

"고고학이 구약 성경 전통의 역사성을 확정한다는 데는 의심할 여지가 없다." [23]

구약 성경에 나오는 장소들 중 25,000개 이상이 고고학적으로 발견되었으며, 이 외에도 성경에 대한 고고학적 증거는 너무나 많다. 고고학이 성경을 어떻게 확증하는지 설명하기 위해서, 아브라함을 둘러싼 논쟁을 인용하는 것이 좋겠다. 19세기 비평가들은 아브라함에 관한 성경의 기록에 대해 정확성과 신뢰성을 의심했다. 예를 들어서, 비평가들은 아브라함이 글을 몰랐을 것이고 율법이나 역사에 관한 지식이 없었을 것이라고 추정했다.

레오나드 울리경은 갈대아 우르를 연구한 결과 매우 발전한 도시였음을 발견했다. 이 곳에서 상업 교역에 관련된 문서와 책으로 사용되었던 토판을 발견한 것이다.
그러므로 "아브라함이 매우 발달된 문화속에 살고 있었음이 분명하다…" [24] 라고 말했다.

프레데릭 케넌 경은 이렇게 말한다.

그러므로 분명히 말하건대, 19세기 후반에 제기된 구약 성경의 일부에 대한 정확성 논의에 대하여, 고고학적 연구 결과 성경의 정통성이 다시 한 번 확증된 것이다.[25]

고고학에서 발견된 또 다른 예를 들자면, 1974년에 발견된 에블라 판들을 들 수 있다. 수 년 동안 창세기 14장에 나오는 아브라함이 그돌라오멜과 메소포타미아의 왕들을 이긴 싸움은 꾸며낸 것이라는 주장이 있었다. 소돔, 고모라, 아드마, 스보임, 소알은 그저 신화에 불과하다는 주장이었다.[26] 하지만 에블라 판에는 이 다섯 개의 도시가 언급되어 있으며, 한 문서에서는 창세기 14장에서 나오는 순서대로 도시명이 기록되어 있다.[27]

최근 1993년 8월에 이스라엘의 고고학자가 다윗 왕에 관하여 기록된 성경 외의 자료를 처음 발견했다. 이스라엘 북부에 있던 부서진 기념비에 새겨진 글귀였다. Biblical Archaeological Review의 편집자 허셸 샹크스는 이렇게 말했다. "그 기념비가 성경 문서에 극적으로 생명을 부여했다. 구약 성경의 역사성에 더 큰 확신을 가지게 되었다."[28]

B. 신약 성경의 기록

신약 성경의 신뢰성 또한 고고학 연구로 밝혀졌다. 사도행전은 다양한 종류의 전통, 지명, 당시의 사건 등을 담고 있어서 신약 성경 중에서 가장 많이 고고학 연구의 대상이 되었다. 그렇기 때문에 누가는 아주 면밀한 연구 대상이 되었다. 예를 들면, 학자들은 오랫동안 누가가 예수님의 탄생을 둘러싼 사건들에 대해 잘못 알고 있다고 주장해 왔다. 비평가들은 예수님 탄생 당시에 호적을 한 적이 없다고 주장한다. 그러므로 모든 백성이 호적 하러 본 동네로 돌아갈 이유가 없었다는 것이다. 퀴리니우스가 당시 수리아의 총독도 아니었다는 주장이다.[29]

그런데 고고학 연구 결과 세 가지 측면에서 누가가 옳다고 입증되었다. 첫째, 로마 사람들은 14년마다 호적을 신고한다. 호적 제도는 아우구스투스 시대에 시작되었다. 둘째, 안디옥의 명패에는 BC 7년부터 AD 6년까지 수리아의 총독이 퀴리니우스로 되어 있다. 셋째, 이집트에서 발견된 파피루스에는 다음과 같이 기록되어 있다.

> 호적할 시기가 다가오기 때문에 모든 백성이 한 번은 자기 집에서 떠나 고향에 와야 한다.
> 모든 사람이 본 고향으로 와서 호적 신고를 필해야 한다…[30]

윌리엄 람지 경은 사도행전에 기록된 자료들에 관한 광범위한 조사 연구를 마쳤다. 연구 결과를 정리하면서 람지 경은 이렇게 말했다.

> "누가는 일류 역사가이다…
> 한 마디로 말해서, 누가는 아마도 가장 위대한 역사가의 반열에 세워야 할 것이다."[31]

신약 성경에 기록된 특정 도시명, 지역명, 관습, 정치적 상황 등 다른 자료들에 대해서도 고고학적 연구 결과 정확한 것으로 확증되었다. 사실, 모리스는 이렇게 말했다.

> "… 신약 성경의 진술 중에서 지금까지 과학이나 역사학자들에 의해 의문이 제기되거나 반박된 것은 없다. 신약 성경에 기록된 내용이 너무나 정확하고 정통하다는 사실이 매우 독특하다."[32]

V. 성경 예언의 확증

성경의 신뢰성이 증거되는 마지막 영역은 예언의 성취다. 성경에는 많은 예언이 포함되어 있다는 점에서 다른 책들과 다르다. 예언이 성취되었다는 사실은 구약과 신약 성경에 기록된 다른 정보들도 정확하다는 것을 나타내는 지표가 된다. 성경에 포함된 예언의 갯수는 매우 많다. 그렇기 때문에 성경의 예언을 연구할 때 메시아 예언과 특정 도시에 관한 예언 두 가지에 집중하곤 한다. 두 영역에 해당하는 예언들이 성취되었는지를 보면 성경이 신뢰할 만한지를 알 수 있다.

A. 메시아에 관한 예언들

구약 성경에는 300 번 이상 메시아의 오심을 예언했는데, 예수님께서 오심으로 성취되었다. 특별히 몇 가지 예언들을 선택해서 살펴 보려 한다. 구약 성경에서 메시아를 예언한 내용은 신약 성경에서 성취되었다. 예언을 기록한 저자들 또한 다양한 계층, 다양한 지역, 다양한 시대의 사람들이었다는 사실을 기억해야 한다. 적어도 400년 동안 메시아에 관한 예언이 기록되어 성경에 들어갔다.[33]

예 언	성 취
#1 동정녀 탄생 그러므로 주께서 친히 징조를 너희에게 주실 것이라 보라 처녀가 잉태하여 아들을 낳을 것이요 그 이름을 임마누엘이라 하리라 – 사 7:14	…성령으로 잉태된 것이 나타났더니.. 요셉은… 아들을 낳기까지 동침하지 아니하더니 낳으매 이름을 예수라 하니라 – 마 1: 18, 24, 25
#2 베들레헴에서 나심 베들레헴 에브라다야 너는 유다 족속 중에 작을지라도 이스라엘을 다스릴 자가 네게서 내게로 나올 것이라 그의 근본은 상고에, 영원에 있느니라 – 미 5:2	예수께서 유대 베들레헴에서 나시매 – 마 2:1
#3 손과 발이 찔림 … 나를 둘러 내 수족을 찔렀나이다 – 시 22:16	골고다라 하는 곳에 이르러 거기서 예수를 십자가에 못 박고 – 눅 23:33
#4 옷을 나누고 제비 뽑음 내 겉옷을 나누며 속옷을 제비뽑나이다 – 시 22:18	군인들이 예수를 십자가에 못 박고 그의 옷을 취하여 네 깃에 나눠 각각 한 깃씩 얻고 속옷도 취하니 이 속옷은 호지 아니하고 위에서부터 통으로 짠 것이라 군인들이 서로 말하되 이것을 찢지 말고 누가 얻나 제비 뽑자 하니 – 요 19: 23, 24
#5 뼈가 꺾이지 않음 그의 모든 뼈를 보호하심이여 그 중에서 하나도 꺾이지 아니하도다 – 시 34:20	예수께 이르러서는 이미 죽으신 것을 보고 다리를 꺾지 아니하고 – 요 19:33

예수님의 일생에 관한 예언과 다른 예언들이 성취된 것을 볼 때, 하나님께서 성경에 기록하게 하신 예언이 분명하다는 것을 알 수 있다. 조쉬 맥도웰은 이렇게 결론 짓는다.

분명히 하나님은 메시아만 성취하실 수 있는 역사를 소개하신다. 유대인 중에 메시아라고 주장하는 사람이 40명은 될 것이다. 그런데 오직 예수 그리스도 한 분만이 자신의 선포를 입증하며, 자신과 관련된 예언이 성취되는 것을 보여 주신다. 뿐만 아니라 예수 그리스도의 확증 없이는 이러한 선포를 지지해 줄 발언이 없다.[34]

B. 두로 성에 관한 예언

메시아 예언과 함께 성경에서 가장 많이 언급된 예언은 성이나 나라에 관한 예언이다. 성이나 도시의 운명에 관한 예언 또한 매우 정확한데, 특히 두로에 관한 예언에 관해서 생각해 보자. 두로는 고대 페니키아 지역으로 현재 레바논 남부에 해당하는 지역이다. 한 때 이스라엘의 원수였던 지역이기도 하다.

에스겔 26장은 BC 592~570 사이에 기록된 글이다. 하나님께서는 두로의 지나친 교만 때문에 분노를 발하셨다. 두로는 바벨론 왕 느부갓네살에게 침략 당할 것이며, 결국 패망하게 될 것이라고 예언하셨다. 겔 26:7, 8, 14절을 보면 이렇게 예언되어 있다.

"주 여호와께서 이같이 말씀하셨느니라 내가 왕들 중의 왕 곧 바벨론의 느부갓네살 왕으로 하여금 북쪽에서 말과 병거와 기병과 군대와 백성의 큰 무리를 거느리고 와서 두로를 치게 할 때에 그가 들에 있는 너의 딸들을 칼로 죽이고 너를 치려고 사다리를 세우며 토성을 쌓으며 방패를 갖출 것이며…너를 맨 바위가 되게 한즉 네가 그물 말리는 곳이 되고 다시는 건축되지 못하리니 나 여호와가 말하였음이니라 주 여호와의 말씀이니라"

에스겔 선지자의 예언의 성취는 브리태니카 백과사전에 기록되어 있다.

"두로는 13년 동안 느부갓네살 II세의 침략을 겪은 후에 (BC 585~573), 바벨론 속국으로 불리게 되었다."[35]

역사가 필립 마이어스는 두로의 운명을 이렇게 요약했다.

알렉산더 대왕은…. 두로를 폐허로 만들었다. 완전히 폐허가 된 자리에서 다시 한 줌 회복이 되긴 했지만, 원래 있던 자리로 돌아간 것은 결코 아니다. 한 때 위대한 도시였던 두로는 이제 바위산 꼭대기 정도로 남았다. 어부들은 지금도 그 위에 올라가 그물을 말린다.[36]

두로에 관한 역사를 살펴 보면, 상세한 부분까지 에스겔 선지자가 예언한 내용이 성취되었음을 알 수 있다.

결론

성경의 독특성, 면밀한 준비와 역사, 고고학, 예언의 증거를 보면, 성경은 더 이상 재론의 여지 없이 신뢰할 만하다는 것을 알 수 있다. 프레데릭 G. 케년 경은 이렇게 결론 내린다.

"… 성경의 신뢰성에 관한 모든 연구와 발견들을 종합해 볼 때, 일반적으로 내릴 수 있는 결론은, 성경의 정통성을 더욱 강화시켜 주었다는 것이다. 우리가 확신하건대, 우리가 손에 들고 있는 이 성경은 통일성과 일치성을 가진 분명한 하나님의 말씀임을 확신한다." [37]

요약 개요

서론

I. 성경의 독특성
- A. 성경의 지속성
- B. 성경의 배포
- C. 성경의 존속성

II. 성경 번역

III. 역사를 통한 성경의 확증
- A. 고서 검증
- B. 내적 증거 검증
- C. 외적 증거 검증

IV. 성경에 관한 고고학적 증거
- A. 구약 성경의 기록
- B. 신약 성경의 기록

V. 예언을 통한 성경의 확증
- A. 메시아에 관한 예언
- B. 두로 시에 관한 예언

결론

참고

1 Josh McDowell, Evidence That Demands a Verdict, 1972, 16.
2 Bill Wilson, ed., The Best of Josh McDowell: A Ready Defense, 1990, 28.
3 Ibid.
4 McDowell, Evidence, 18.
5 Ibid., 19.
6 Wilson, 30.
7 Ibid.
8 Ibid., 3-31.
9 Charles Ryrie, Concise Guide to the Bible, 1983, 17.
10 Ibid., 21.
11 Norman L. Geisler and William E. Nix, From God to Us: How We God Our Bible, 1974, 230.
12 Ibid., 231-2.
13 Ryrie, 21-2.
14 Josh McDowell, More Evidence That Demands A Verdict, 1975, 47.
15 Wilson, 44.
16 McDowell, Evidence, 58.
17 Henry Morris, Many Infallible Proofs: Evidences for the Christian Faith, 1974, 41.
18 McDowell, More Evidence, 52-3.
19 Ibid., 54.
20 Wilson, 54.
21 Ibid.
22 Ibid., 55.
23 Ibid., 92.
24 Paul Little, Know Why You Believe, 1968, 52.
25 Wilson, 93.
26 Ibid., 98.
27 Ibid.
28 John N. Wilford, "Israeli Archeologist Finds First Evidence Outside Bible for King David's Dynasty," New York Times News Service: Austin American-Statesman, August 8, 1993, A17.
29 Wilson, 109.
30 Ibid.
31 Morris, 26.
32 Ibid. 26-7.
33 Wilson, 210-1
34 Ibid., 211.
35 Ibid., 61.
36 Ibid.
37 Morris, 23.

라이프 빌더스 1

2010년 10월 18일 초판 발행
2011년 3월 25일 개정판 1쇄 발행

엮 은 이 한국대학생선교회
펴 낸 곳 순출판사
펴 낸 이 김윤희
디 자 인 아이엠
마 케 팅 전정구, 박성운
등 록 ® 제 1-2464호
등록년월일 1999. 3. 15
주 소 서울시 서대문구 홍제4동 215번지
전화/팩스 02)722-6931~2 / 02)722-6933
가 격 4,500원

본서의 판권은 순출판사에 있습니다. 무단 전재 및 복재를 금합니다.
책 내용과 관련된 문의는 한국대학생선교회_MRD(02-379-5022)로 문의 바랍니다.

ISBN : 978-89-389-0237-5
89-389-0237 (1세트)